無着成恭の詩の授業

太郎次郎社

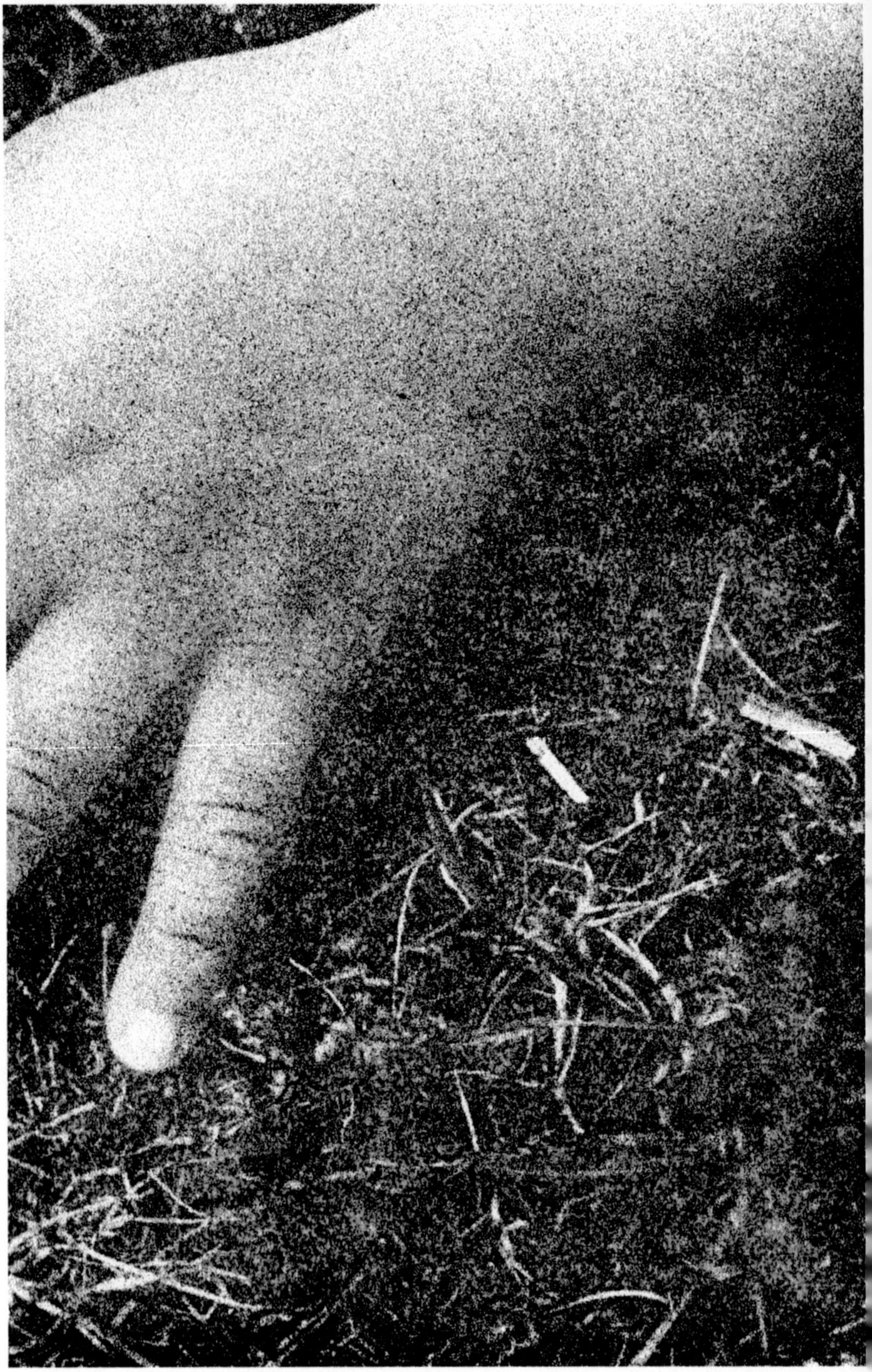

目次

● 無着成恭の詩の授業 ●

プロローグ　自分の名前

自分の名前…………無着成恭

みなさんは
自分の名前がすきですか?
私の名前は「無着成恭」です
無着というのは物事に執着しないということ
禅の極意です
到着するところがない
永遠に理想を追求する菩薩行の実践者——という意味もあります
理想が現実のうちに実現してしまったら
理想ではなくなってしまいますからネ
でも
私が一番すきなのは
着物を着ていない

● 無着成恭の詩の授業 ●

プロローグ 自分の名前

生まれたときのまんまの裸——という意味です
生まれたときの裸のままで恭しく成る——なんて
最高だと思ってるんです
人間本来無一物っていうことを名前であらわしてくれてるんですから
親に感謝してるんです

●9

私はときどき全身を鏡に写して
「やあ　無着成恭君　元気ですか
この世界に何十億の人間がいても
無着成恭は君一人だよ
天上天下唯我独尊とは
宇宙がどんなに広くとも
自分は一人しかいないということだ
だから尊いのだ
この世にたった一人しかいない自分の名前を大事にしなさい
自分のからだを大事にしなさい
自分の顔に責任もちなさい
君！

君の顔はなかなかいいぜ！
この世界に一つしかない顔だ
さあ　笑ってごらん
君のためにバンザイをしてあげよう
無着成恭君　バンザーイ」
こんなふうに語りかけてやるのです
こんなふうにだきしめてやるのです

みなさん！
みなさんの名前にも
お父さんと　お母さんの
そして　ご先祖さまの
願いがこめられているのですよ
だから
まず
自分の名前がすきになってください
そして
「自分の名前」という題で詩をかいてください――一九八一年四月作

ぼくの名前……………相原耕作……六年

人間は　もと　みな　農民だった。
たがやし　つくる。
その労働が文化を築きあげてきたのだ。
ぼくのアルバムには
耕作＝culture＝文化　と記してあった。
耕作。
それこそ人類文化の一番の源である。
父がこの名をつけたとき
「いなかっぺみたいだ」
とおばあちゃんにいわれたそうだ。
しかし　ぼくはそんなふうには思わない。
文化の一番のおおもと
――耕作――！
ぼくは大昔の農民のように
現代の文化を耕し
こうけんする人間になりたい。
ぼくの名前は

こんなすばらしい　いい名前なのだ。
「いなかっぺみたいだ！」
などという反対に負けないで
だんことしてこの名前をつけてくれた父に
感謝したい。
お父さん　ありがとう。

ぼくの名前……上条契……六年

最初
ぼくの名前は「リンゴ」になるところだった
ぼくが生まれたとき
ママが　ぼくの名前を「リンゴ」にする
そういってがんばったんだって
その頃　ママは
ビートルズのリンゴ・スターのファンで
どうしても「リンゴ」にしたかったんだって
だけど
おじいさまと　おばあさまが

猛反対して「契」となったんだって
「契」は契約の契で
約束したら実行するという意味だ
ぼくの知らない時のできごとだけど
ぼくは「契」でよかったと思っている

名前……**朝妻洋**……六年

ぼくは
タバコや塩と同じような人間だ
なぜか
それは日本専売公社の病院で生まれたから
名前は洋
これはお父さんの洋三の洋
ヒロシってよむ
太平洋のようなひろい心で
みんなのためになるようにという意味
やっぱり
タバコや塩のような人間になれということ

誰にでもひつような人間になれということ
この名前
ぼくは気にいっています

ぼくの名前…………石橋結太……六年

ぼくの名前は石橋結太だ
ユウタではなくてユンタと読む
ユンタというのは
沖縄の八重山群島の
はたらく時に歌う歌のことだ
一人の人が家を建てるとする
すると多勢の仲間が集まってくる
そして　歌をうたいながらはたらく
その歌がユンタだ
家を建て終わった時お祝いをする
その時
家を建てる時の苦しさや
昔のいいつたえや物語など

いろいろ歌う
そのときの歌もユンタだ
ユンタとは人と人の心をつなぐための歌だ
うれしいことも　ねがいごとも
ユンタに歌った
だからユンタは
詠歌ともよばれた
みんなが集まる時に歌うから
結歌ともいわれた
昔の人はみんな力を合わせて
田んぼをたがやしたり
山をきりひらいたりした
日本の各地に
ひとつのことに力を合わせてやること
結作業があった
その結作業がまだ八重山にはのこっている
うれしい時も悲しい時も
おどりをおどりながら

ユンタを歌う
これがぼくの名前だ

自分の名前…………山口天平……六年
山口天平　ときちんと書いてください
それから　よーくながめてください
気がつきましたか
そうなんです
山口天平は
人間のからだみたいに
右左が　線対称なんです
不思議ですねえ

自分の名前(生まれた時のこと)…………荒川春香……六年
私は三月六日に生まれました
おひなさまの三日後です
私の家には
おばあちゃんとつづきの広い庭があります

そこには花がいっぱい咲きます
私の名前は　どこからとったかもうおわかりでしょう
はるかかなたから春のかおりがやってきたという名前です
めずらしいでしょう
私は「あゆみ」とか
ふつうの名前を考えていました
でも私が気がついたときは
ママとパパが
「春香」ってきめてしまっていました
だからどうしようもなかったんです
でも今は　とても気にいっています

私の名前…………堤千佐子……六年

私の名前を決めるとき
候補が三つあったそうです
久美子と　美子と　千佐子
この三つのうちどれにしようかと
お父さんとお母さんでとてもとても迷ったそうです

役所にとどける日まで迷ったそうです
久美子は永久に美しいということ
美子はもちろん美しいということ
美しい人間になってほしいと思ったのです
でも
お父さんがとうとう決断しました
佐という漢字の意味は人をたすけるという意味
だから千佐子は
千人の人をたすける人間という意味
佐は人をたすけること
人のために役立つこと
それが美しいのだ
だから千佐子なのだ——と
私はそれをきくまで
なんだか平凡だなと思ってたけど
意味がわかってから
とっても気にいりました
この名前のように

たくさんの人に役に立つ人間に
なりたいと思っています

生まれた時のこと…………村松詩絵……六年

詩絵
この名前はお父さんがつけてくれました
おばあちゃんは
一、たず
二、ユリア
の二つを候補にだして反対しました
お父さんは
「ぼくの子どもだからぼくがつける」
そういって
詩絵とつけました
詩と絵のわかる人間になって欲しい
詩も絵もかける人間になって欲しい
そういう意味です

私の名前…………近山直子……七年

私の名前は
今はもういないおばあちゃんがつけてくれた
素直な子どもという意味
今までどうとも思ってない名前だったけど
無着先生から
「名前には親や先祖の願いが
こめられているんだよ」
といわれて
改めて考えてみた
私は「美しい」という漢字のついた名前が欲しかった
でも改めて考えてみると
素直なことが一番美しいことなのだ
「美しい」という字がついていても
素直でなかったらだめなのだ
中身が大切なのだ
直子でいい
私は

「直子」という名前に一致する自分を作っていきたい

私の名前…………中丸慈……七年

私の名前は「慈」です
「心」がついていて
「ちか」とよみます

お父さんははじめから
子どもが生まれたら
「心」のある名前にしようと
きめていたそうです

姉さんの名前は　中丸愛
私の名前は　中丸慈
二人あわせて「慈愛」

私は私の名前に誇りをもっています
こういう名前をつけてくれた両親に感謝しています

自分の名前…………盛国遊……九年

僕の名前は「遊」です
父の名前は「学」です
「学」という名前の父が
自分のムスコに
わざわざ「遊」とつけたわけ
そのわけが
だんだん　だんだん
わかるような気がしてくる
今日この頃です

じぶんのなまえ…………雉本こずえ……九年

こずえっていう名前
祖父がつけてくれた
どこにでもある名前だけど
けっしていやじゃありません
おじいさんからみれば
孫の私はたしかに梢なのです

梢は大樹の先端にあって
ぐんぐんのびていくところです
ぐんぐん枝わかれして
天に向かって両手をひろげるみたいにのびていくところです
せっかく思いをこめてつけてくれた名前なんですから
最後まで
いい名前だと信じていくつもりです

●
23

自分の名前…………八木沢真衣子……九年

私には
自分の名前がどういうことをシンボルしているのか
まだわからない
〃真衣子〃
ほんとうの着物を着ている人間
これは何を意味するのだろう
無着先生がいうように
真理や真実の衣を着た人間とは
ほんとうは着物を着ていないのではないか

うそいつわりのない人間
かくしごとのない人間
〃真衣子〃
私にはまだ
自分の名前の意味がよくわからない
でもいい
今はお母さんや姉さんが
心をこめてつけてくれた名前である
ということだけでいい
名前の意味は
一生懸命生きているうちに
だんだんわかってくるのだろう

自分の名前……………猪股佳代子……九年
私は自分の名前は好きではないです。
上と下に分けると
下の佳代子は好きです。
なぜ、あんな苗字なんだろう

ご先祖様はどういう神経をしていたのかしら?
子孫のことも考えてください!
私と同じ年ごろの人に同情します。
日本中の猪股さん!
イノシシのマタなんていう苗字に
負けずにガンバリましょう!

自分の名前……南平真由子……九年

私は
一日も早く結婚したいの
だって
真由子っていう名前はいいんだけど
苗字がねえ
南平なんてめずらしすぎるんだよ
初めての人なんか
「中国人ですか?」なんていうし
銀行なんかで名前呼ばれると
知らない人がみんな注目するし

ずっと前、無着先生なんか
「南平！　なんぺんいわれたらわかるんだ」
といったでしょ
あのときだってみんなどっと笑ったでしょ
私、すっかりきずついちゃった
だから私、自己紹介のとき
「真由子」ってしかいわないの
真由子っていう名前だって
はじめはすくなかったの
ちかごろだんだんふえてきて
おかしくなくなったけど
だから
南平という苗字もふえてほしいな
でなかったら
私、はやくお嫁に行きたいの
そうすれば苗字変わるでしょ
お母さんにそういってるの
でも

当分だめねえ

自分の名前…………橋本想……九年

ぼくには
自分の名前の意味がまだよくわかりません
とにかく
めずらしい名前であることは確かで
初対面の人は　だいたい
「そう」とは言ってくれません
「そう」だとわかっても
ハガキでくるときは
ただ単にひらがなで「そう」
漢字のときは「惣」
「想」と書いてくれる人は
ほとんどいないのです

一年生の頃
この名前がいやでした

逆から読むと「うそ」となるので
みんなから
「やーい　うそつき　やーい」
なんてはやされた記憶ばかりです

でも
九年生になった今では
僕の両親が
「想」という漢字の名をつけるについては
相当考えたのにちがいない
そう思うようになりました
想は想像力の想であり
空想の想だからです
でもまだ僕にはよくわかりません
ああ　そうか　そういう意味なんだ
そうわかるまでには
もっと　人生　長くやって
いろんなこと経験して

いろんなこと学んで
創造的に想像したものを
自分の手で実現してみる
そういうことを経験した上でないと
わからないことなのだと考えています

だから
そうすることが「想」であり
そうなったときが「想」なのだ
そして　自分自身が
「想」になったとき
自分の名前について
あっ　そうかあ——
そうだったのかあ——
とわかるのにちがいない
そのときが「想」なのです

【注】……明星学園では、七、八、九年を中学校の学年としている。したがって、七年は中学一年にあたる。

生命のよろこび

春の歌……草野心平

春の歌…………草野心平

ほっ　まぶしいな。
ほっ　うれしいな。
みずはつるつる。
かぜはそよそよ。
ケルルン　クック。
ああいいにおいだ。

ケルルン　クック。
ほっ　いぬのふぐりがさいている。
ほっ　おおきなくもがうごいてくる。
クックックック。
ケルルン　クック。
ケルルン　クック。

【くさの・しんぺい】……一九〇三年生まれ。第一詩集『第百階級』のときから「蛙」をテーマにした詩をたくさん書いている。『定本・蛙』（一九四八年）によって、第一回読売文学賞を受賞。
「春の歌」の初出誌は『赤とんぼ』一九四七年四月号で、童謡として、すべてひらがな書きで発表された。

「詩華集」のはじめを飾る詩

黒板の詩をノートに書き写す

中学校の新入生(七年生)に対して、わたしがおこなう最初の授業に何をとりあつかうか――いろいろ考えたあげく、草野心平の「春の歌」という短い詩にしようと決心した。

この詩には「かえるは冬のあいだは土のなかにいて春になると地上にでてきます。そのはじめての日のうた」と説明がついている。けれども、授業では、その説明はかくしておこうと考えた。つぎに、この詩を、小学校のとき習ったという子どもがいるかもしれない。そのときは、その子には、黙っていて、授業が終わるまで意見や感想を発表するのはひかえるようにいっておくことにした。

さて、明日から授業だという日の午後、いぬふぐりを採集しに玉川上水べりに行った。いぬふぐりははこべにおされて、ひじょうに少なくなっていた。それでも、素焼きの平鉢にあふれるほどのいぬふぐりを採集することができた。小さな、うす紫色のかれんな花もついていたし、ほんとうに犬のふぐりのような実もついていた。わたしは、いぬふぐりの実物が手にはいったので、満足して授業にのぞんだ。

教室にはいる。

さすが、最初の授業だけあって、子どもたちは緊張して待っていた。まず、

「わたしは無着成恭という名まえである。君たちには週に一時間だけ『現代国語』を教える。週に一時間なので、一年間にどんなにがんばっても三十時間そこそこしかない。だから、一時間、一時間が真剣勝負だ。君たちもそのつもりで授業にのぞんでほしい。それから、わたしの時間に忘れていけないのは、まず第一にノート。このノートを『詩華集』と名づける。詩華集とは自分の心にしみた詩やことばや短歌や俳句を書きあつめたものだ。だから、中学を卒業するころには一人一人ちがったものになるはずだ。第二に国語辞典。第三に現代国語の教科書――こういう順序だ。それから、授業のはじまりにはかならず出席をとる。そのとき、いろいろ質問するかもしれないから、はっきり答えること。きょうは、出席をとるまえに黒板に詩をひとつ書くから、それをノートに一行おきに写すこと。タテ書きで、ノートは、このように―といって、一番まえの生徒のノートを掲げて指で指示する―書くこと。一行おきに書き写すのは、あいだに書きこみをするからである。それから、黒板に、これから書く詩は、小学校で習ったひともいるかもしれない。その人も、知ったかぶりをしないで、黙って写すこと。君たちが写しているあいだ、出席をとる。では、書くぞ」

と、挨拶し、仕事の内容を明示して、黒板に詩を書いた。

わたしは、詩の授業の場合、かならず板書して、それをノートに写させることにしている。プリントにしては渡さない。詩は、ノートに自分で書き写すということがとても大切だと

信じているからだ。詩を教えるとき、なぜ、そこが一字空いているのか、なぜ、そこで行をかえるのか、いったい、その詩は何連あるのか——そういうことを意識させるには、自分の手で書き写すのがいちばんいい方法だからである。もちろん、それはわたしの方法である。

子どもたちは一所懸命ノートに写している。わき見などしている子は一人もいない。わたしは一人一人、出席をとった。顔をあげて手もあげるように要求し、一人一人の名を呼びながら目をしっかりとみつめた。

くりかえし朗読する

さて、出席をとり終わったあと、わたしは、《ほっ　まぶしいな》と読んでやった。子どもたちは、どっと笑った。

「先生の読み方、おかしくって、字が書けないよ。やめてくれ」

なんていう子どももいた。それで、全員がノートに写し終わるまで待って、また読んでやった。子どもたちは、また笑った。笑っても、こんどは、かまわずに、《ほっ　まぶしいな》《ほっ　うれしいな》《みずはつるつる》と一行一行、調子をとりながら読んでやった。三回読んでやって、そのあと、子どもたちに一行一行ゆっくりまねさせた。一回、二回、三回、さすがに四回めはだれも笑わなかった。だれも彼もが《ほっ　まぶしいな》と声をだしている。

わたしは、そこで、読むのをやめさせて、「さあ、みんなの空想力をためすよ。そのまえに、この詩、小学校時代に習ったか、それともきいたことのある人、手をあげて……?」ときいてみると、一人もいなかった。一組も二組も三組も四組も、今年の新入生はだれ一人としてはじめてでない人はいなかった。全員、初対面である。

だれの気持ちをうたったのか

まぶしいのはだれ?

「よしよし。それでは、きくけど、《ほっ　まぶしいな》とか、《ほっ　うれしいな》とかいっているのはだれですか。いったい、この詩はだれの、どんな気持ちをうたったのですか。それぞれ、自分のノートに書いてみてください」

といった。一瞬、子どもたちはどよめいた。ウーンとうなった子どももいた。それからシーンとなった。

わたしは、そのとき、「ノートに書いたことは、消しゴムで消してはいけない」と注意した。

「消しゴムで消してしまうと、自分は、はじめどういう考え方をしたか、どういう間違いをしたか、そういうことがわからなくなるからだ。漢字の間違いなど、消しゴムで消す人は、おなじ間違いを何度でもくりかえすことになる。だから、おなじ間違いを二度とくりかえさないために、消さないで、赤いエンピツでバツをつけておくことだ」

そのとき書いた子どもたちのノートから、つぎにいくつかぬきだしてみよう。

「草野心平が、春の楽しさをうたっている」……中村起也

――だれがうれしいといっているのですか、という質問に対して、「作者が」とか「草野心平が」と答えているのが多かった。たしかに、それはそうだ。しかし、もう一歩。

「自分が寝ていて、朝の光が、まぶたにあたってまぶしい」……肥田敬五

「ええと、よくはわからないけれど、春が来て、小川などがある、のどかなところへ行って、花が咲いていたりして、ぽかぽかして、蝶や小鳥が、自分たちの季節がきたぞーって、うかれて、よろこんでいる詩」……石井則之

飯田正美は「書いた人が、朝早くおきて、雲などながめて……うーん。ワカンナイヨ……」と書いていた。

つまり、《ほっ　まぶしいな》とわたしが読んでやったとき、笑ったけど、子どもたちはなんにもわかっていなかったのだ。しかも、よく朗読できるようになったとしても、この詩の世界がイメージになっていないということはノートを見ればよくわかる。感じとしては、題が「春の歌」だから、春がきてよろこんでいるんだなという程度なのである。草野心平が「かえるは冬のあいだは土のなかにいて春になると地上にでてきます。そのはじめての日のうた」と説明してあるようには、わかっていない。

それで、いよいよ授業である。

「《ほっ　まぶしいな》の、《ほっ》というのはなになの？」

「おどろいてんだよ」「おどろいてんだネ。なににおどろいてんの?」

「そう、おどろいてんだネ。なににおどろいてんの?」

「まぶしくって」

「そうだろう。そんなら、君たちはどんなとき、まぶしいって感じましたか?」

「夜、自動車のヘッドライトで照らされたとき」

「修学旅行へ行ったとき、夜、ねむっているとき、先生が見まわりにきて、懐中電燈でパッと目を照らされたとき、まぶしいって思った」

「朝、雨戸あけられると、まだねむってるぼくの目に、太陽の光がパッとはいってきて、ものすごくまぶしい」

「朝、目をさましたとき、まぶしいよ」

このほかにも、まぶしいと感じたときの経験がつぎつぎにでてきたが、それをおさえて、

「そんなら、この詩のなかの《ほっ　まぶしいな》というのは、どのまぶしさだろうか」

「朝、目をさましたときのまぶしさだ」

「朝であるかどうかわからないけど、目をさましたときのまぶしさだ」

「題が、『春の歌』というんだから、春の光が目にはいったときのまぶしさだ」

「春は全体としてまぶしいよ」なんていう子どももいた。そこで、わたしは、

「ウン、いい線いってるぞ。春になったんだネ。そして、だれかが目をさましたんだ。春になれば、木だって、種だって、いろんな動物だって、いっせいに目をさますだろう。そ

のうちのなになんだろう?」

とヒントらしきものをあたえてやった。そしたら、勝沢が、

「きまってら。蛙だよ。きっと……」

といった。そしたら、クラス全体にどよめきがおこった。

「ああ、そうか!」

「蛙か!」

「冬眠から目をさましたんだネ!」

そこで、わたしは、「冬眠て、なんだ?」ときいた。

「冬眠ていうのは、蛙や蛇みたいな冷血動物は気温が下がると、体温も下がるから、冬、活動できなくなるだろう、それで、土のなかにもぐって冬をこすことなんだよ」

と勝沢が答えてくれた。

「ウン、そうだネ。だとすると、《ほっ　うれしいな》というのは、わかるね。なぜ、うれしいんだろう」

「目をさましたからだ」

「いや、ちがう。目をさまして、自分が生きてるぞっていうこと、わかったからだと思う。だって、冬眠していて永久に目をさまさなかったら、自分が死んだということも知らずに死んじゃうだろう。目をさまして、まぶしいって、まず思ったんだ。そのときは、目に光がパッとはいってくるから何も見えないんだ。だから、そのつぎに感じたことは、生きて

たぞっていうことなんだと思う」

《みずはつるつる》って？

「よし、いいぞ。そのとおりなんだ。さて、そのつぎ、《みずはつるつる》ってなんだ？」

「蛙は、水にとびこんだんだ。そしたら、水がつるつるしてたんじゃないの」

「わたしだって、朝、おきたら顔を洗うでしょ。蛙は、冬眠から目をさまして、まぶしいって思って、うれしいって思って、生きてるっていうことたしかめるため、水にとびこんだんじゃないですか？」

「なかなかいいです。そうかもしれません。でもなぜ、水はつるつるなんですか？」

この《みずはつるつる》がむずかしかった。そこで、わたしは、

「冬、ものすごい冷たい水に手をいれたことあるひと？」

と聞いた。何人か手をあげた。

「どんな感じだった」

「ものすごく冷たくてシビレル感じ……」

「感覚がなくなる感じ……」

「痛いような、チクチクするような感じ」

など、いろいろでた。

「よしよし。そのとおりだ。ものすごく冷たい水には、トゲがあってというか、カドがあ

って、皮膚をチクチク刺すような感じなんだ。その水がつるつるしたというのは……？」

「わかった。水がまるくなったということだ」

「そうだ。わかった。冷たい水が、あたたかくなったということだ！」

「そうだよ。これを、水ぬるむっていうんだ。《みずはつるつる》というのは水からカドがとれてまるくなったということなんだ。蛙にとってこんなうれしいことないんだ。それじゃ、《かぜはそよそよ》ってなんだ」

「水からあがった蛙のからだをなでていく風だ」

「海水浴のとき、海からあがると、夏だって、そよそよっていう感じだ」

「うん。あれだネ。あの感じ……。それで蛙はうれしくなって……」

「ケルルン　クック」

「そうだ、そうだ。うまい。この鳴き声は……」

「自然と、のどからでてきちゃった」

「ン、そうだ。自然とだネ。それで、ようやく、鼻がききだしたんだ」

「ああ、そうか。いいにおいだっていうの、ここでようやく感じだすのか。わかった」

「それでまた、のどから、声がでちゃうんですネ」

いぬふぐりの実物を見せる

「よしよし。そのとおりだ。ところで、つぎの、《いぬのふぐりがさいている》っていうのわかるかな」

「こんどは、ようやく、目がききだしたんです」

「そう。そうだけど、いぬのふぐりって知ってるかな?」

「……………」

だれも知らなかった。それで、「ふぐり」というのを辞典でひきなさいといった。さっそくひいた子どもが、

「うわあ、へんなの」

と大声をあげた。みんなどっと笑った。「読んでごらん」と、わたしがいったら、「きんたま」といってうつぶした。わたしは「なにも恥ずかしがることないぞ!」。そういって、「ふぐりというのは、おちんちんのタマタマのことだ。みんなの家で、犬飼っているひと、手をあげてごらん。よし。そのうち、雄犬のひと、手をあげてごらん」といったら、十人ほどあげた。「雄犬を、おしりのほうから見ると、うしろ足のあいだから、タマタマがこんなふうに見えるだろう」といって、黒板に、犬のタマタマの絵をかいた。それから、「じつは、この犬のタマタマとまったくおなじかっこうをしている草の実があるんだ。それが、このテーブルにある草なんだ」。そういって、五センチメートルほどちぎって、まえの列からまわしてやった。

「ほんとだ」

「犬のタマタマとおなじだ」

などという声がかえってくる。

「そうだろう。それで、この草を、いぬふぐりというんだ。あとで、よーく見ておきなさい。テーブルのうえに置いておくからネ。ところで、この草は玉川上水のふちからとってきたんだが、川岸の土手のやわらかいところに生えているんだ。だから、蛙は、この草のなかにはいってたんだネ。そして、まぶしさに目がなれて、物が見えだすと、まっさきに見えてきたのが、なんだ?」

「いぬふぐりの花」

「そうだ。これ。このかわいいやつだ。これが目のまえに咲いていたんだね。こういうのを近い風景というんだ」

そういって、〈近景〉と板書した。

「それから、蛙はどうした」

「いぬふぐりの葉っぱから、遠くを眺めたんです」

「そうだ。そしたら?」

「大きな雲が、ゆっくり動いてきたんです」

「そうだ。大きな雲というのは、春の雲なんだよ。夏の雲は?」

「入道雲」

「秋の雲は?」

「いわし雲」

巻雲」

「そうだ。比較すると、この大きな雲っていうのわかるネ。これは遠い風景だ」

〈遠景〉——と板書する。

「蛙は、大きな雲がゆっくり動いてくるのを見ているうち……」

「のどから、声がでちゃった」

「そうだ。《クックック》というのは、思わず知らず、うれしくなって声がでちゃったんだネ。そして、《ケルルン　クック／ケルルン　クック》と、思わず二度もつづけて鳴いてしまったんだ」

「うれしくて」

「そうだ。うれしくてだ」

「よし。これで授業はおしまいだ。どうだ、だれの、どんな気持ちを詩にしたのか、いえるか?」

「冬眠から目をさましたばかりの蛙が、春がきたっていうことと、自分が生きているっていうことで感動している詩だと思います」

「ン。だいたい、いいね。それじゃ、ノートにきょう勉強したこと順序よくまとめてください。あとで、原稿用紙に書いてもらいますから」

以上、五十分。わたしの最初の授業である。そのとき、子どもたちがノートにまとめたことのなかにつぎのようなものがあった。

ケルルンクックって、なんだ

子どもたちの感想文から

「冬眠から目をさましたカエルの心はうれしくて、胸がはちきれそうになって、自然に声が、のどからでてきたときのようす。それがわかったとき、ぼくもうれしくなった。勉強するまで、ケルルン　クックってなんだかわかんなかった」……岡戸淳

「この詩は、だれのどんな気もちを詩にしたんですか——と質問されて、どう考えてもわからなかった。考えるのがいやになって、やめてしまった。勉強してみたら蛙が冬眠から目をさましたときの気もちだとわかった。まさか、冬眠していた蛙のことだとは想像もつかなかった。わたしは、自分の空想力のないのにいやになってしまった」……飯田正美

「ぱっと読んで、この作者はなにがいいたいのかわからなかった。先生はひとつひとつ質問した。『どういうときまぶしいの?』とか、『なぜうれしいんだろう?』とか、『ケルルン　クックってなに?』なんて。だれかが『カエルだ!』といった。それでぼくも、はっとわかった。そうだ。冬眠から目をさました蛙なのだ。そうわかったとき、ぼくはすっごくうれしかった」……渡辺宏章

とにかく、この詩の授業は、子どもたちからよろこばれた。その後、子どもたちは廊下を歩きながらも《ケルルン　クック》とやっている。

つぎの作文は、「『春の歌』を勉強して」という題で、宿題として書かれたものである。

「春の歌」を勉強して……小川起世子……七年

私は、無着先生がはじめてよんでくれた時は、おかしくてしようがありませんでした。かんじをこめていうのはとってもいいけれど、かんじをこめすぎていっているので、とってもおかしかったです。

私は、「この詩はだれの気持ちをいっているのでしょう」と無着先生がいった時は、かえるとは思いませんでした。最初は、作者だと思いました。佐藤さんがかえると答えをいった時、私はそうかなあと思いました。私はそんなこまかいことまではかんがえていませんでした。もっとべつなことを思いました。私は、だから、どうしてかえるなのかなあと思ったのです。でも、無着先生が授業のなかで説明してくれた時、あー、あそこでかえるだってことがみんなにわかったんだなあと思いました。

それは、無着先生が「どんなとき、まぶしいか?」ときいたときでした。その質問に対していろいろ答えがでたけど、だれかが、「目をさましたときだよ」といって、それから、「冬眠から目をさましたときだ」といったときでした。

無着先生の説明はくわしいなあと私は思いました。でも、しゃべりかたが少しにごっているのです。最初はとってもしゃべりかたがおかしくて心のなかでえへら、えへらわらってしまいました。先生は補教の時間、入学式の感想文をかきなさいといって、その入学式のじゅんばんをおしえてくれました。「こういう歌を八年生、九年生がうたってくれたんだね」と無着先生がいって、きゅうに無着先生がうたいだしたのです。その時わたしは、きちがいになったみたいにわらいました。市野さんがてんじょうをみて、えへら、けけけとわらっていて、わたしもつられて、ばかみたいにわらっていました。

けれども今は、ぜんぜん気になりません。はなしをきいていると、だんだん中身につりこまれてしまうのです。先生はいつも授業のおわりに、「無着先生のじゅぎょうおわり!」といって、みんなとあくしゅしてかえっていきます。今日なんかなげキスをしてドアをしめました。

私は、無着先生の授業はとってもとってもたのしみにしているのです!

「春の歌」を勉強して……高見沢珠……七年

「春の歌」と無着先生が書いた。その時はカエルの冬眠からさめたうれしさを書いた詩だとは思わなかった。私が想像した詩は小さいところから大きなところまで春になっていくような感じの詩だったのだ。

「ほっ　まぶしいな／ほっ　うれしいな」。無着先生は書いた。あとでわかったのだが、私の想像した詩と似ているところがある。カエルの目が覚めていくにしたがって、カエルがだんだん自分のまわりの春を感じていくようになるところだ。小さな春から大きな春へ、のところだ。「みずはつるつる／かぜはそよそよ」。私の頭のなかにぼんやりと風景がうかぶ。川に頭をつっこんだカエルが何やらわからぬカエル語で私に話しているのだ。「ケルルン　クック」。鳴いた。だが、私の頭の風景は消え、私の目はさっきから黒板を見ている。「ああいいにおいだ」。何のにおいだろう。はじめはカエルだけしか考えていなかったので、わからなかった。授業が進む。土のにおいか。それとも花か。いや、ひっくるめて春のにおいだ。「ケルルン　クック」。また鳴いた。「ほっ　いぬのふぐりがさいている」。やっとカエルは気がついた。これは近い風景だが、私の想像からいけば小さな春だ。無着先生が書く。「ほっ　おおきなくもがうごいてくる」。大きな春だ。大きな春もカエルを見つけただろうか。「クックック」。鳴く。続けて鳴く。「ケルルン　クック／ケルルン　クック」。

無着先生が詩を読んだ。大きな声だ。なんだか先生の顔がカエルに似ているのも手伝って、先生がカエルに変わっていくような気がした。カエルが黒板を背にしていると思うとおかしくなった。

みんなもあとからつづけて読んだ。先生がもっともっとと言うたびにただどなっているような気がした。カエルも春の喜びがおさまったらこんな感じになるのだろうか。

一時間目が終わった。無着先生は出ていく。先生が黒板に書いた詩だけが残っている。カエルは空の雲を見つけた後、何を見つけるだろうか。

いま、自分と同じように冬眠から覚めたカエルだろうか。そしてまた、何やらわからぬカエル語で自分のうれしさを話し合うのではないのだろうか。


「春の歌」を読んで……………橋本想……七年

ぼくは、最初この詩を聞いたとき、とてもおかしくてふきだしてしまいました。無着先生が目を大きくあけて「ほっ」と言うところがとてもおもしろかった。でも、先生が「なんで笑うんだ」と言ったので、まじめに聞いたら、おかしくなくなってきた。そして、だんだんこれは主人公のすごくうれしくて楽しくてたまらない様子を書いた詩だということがわかってきた。

無着先生が「この詩はだれのどんな気もちを書いた詩ですか。考えて想像してください」と言いました。ぼくは「だれのこと」といっても、作者が作った詩だから、その人のことをかいた詩だと思った。でも、「ケルルン　クック」というのはどうも人間の言葉じゃないから、いったいなんだろうとまよってしまった。先生がヒントをくれた。「まぶしいな、と思うときはどんなときですか」と言った。ぼくは、どんなときだろう、太陽を見たときかな、それとも花火をみたときかな、といろいろ考えた。そのうちだれかが「朝、起きたときー」といせいよくいったら、先生が「そう、そうだよ」と興奮ぎみによろこんでいった。「朝、起きたときなんかまぶしいでしょ。朝日が目にはいってきて」「でも、朝、起きたときじゃないいんだなあー。さあ、なんだろ」。ぼくは、朝、起きたときじゃなくて、まぶしいというときは……そうだ、冬眠からさめたときでは、と考えた。みんなもそう考えたらしい。先生も「そうだ」といった。こうやって一つ一つ、ここにはこういうことが書いてあって、こういう意味だというふうに考えていった。

そして、この詩の主人公は冬眠からさめたカエルで、そのカエルのよろこびを書いた詩だということがわかった。意味がわかったところで、もういちどこの詩をよんだ。とてもうまい表現だなと思った。先生が教えてくれたが、カエルは冬眠して冬をこせないときは、土のなかで凍死しているのだそうだ。それを頭に入れて、もう一度よんだら、ひょっとして作者はカエルなんじゃないかなと思えた。

「春の歌」の感想文………米川早苗……七年

「春の歌」と無着先生が黒板に書いた。私は、なんだろうと思った。想像したのは、春の風のこととか、花のこととか、だと思った。……でも、よく読んでみると、「ケルルン　クック」がなんだかわからなかった。考えたけれどわからない。

「ほっ　うれしいな」って言うところは、なにがうれしいんだろうと思い、かんたんに、「春が来たのがうれしいんだなあ」と思うと、パッ！　とくまが頭に出てきた。

「あっ、そうだ!!　とうみんだ！」といっしゅん思った。

すると、中塚さんが、「私、こう書いたんだけど……」と、ノートを見せてくれた。中塚さんのノートには、「もぐらがとうみんからさめた」と書いてあった。

私は、すぐにノートに、「くまがとうみんからさめた」と書いた。

無着先生が、いろいろと質問した。「この詩のなかで、《ほっ　うれしいな》とは、なんでうれしいか」と……。なんどか、先生がくりかえした。

すると、氏田くんが、「とうみんからさめたんだ!!」とさけんだ!! 先生は、それを赤い字で黒板にいそいで書いた。みんなが、いいだすたびに、黒板は、赤い字で、いっぱいになってくる。そのうち先生は、私のわからない「ケルルン クック」を質問した。

みんなも、考えていたみたいだった。少したつと、上條くんが「かえるだ!」と言ってくれた。そのとき私は「なるほど、くまは、そう鳴くわけない、上條くんは、すごい」と思った。

私はとっさに、えんぴつと消しゴムを持った。とたんに先生は……。

「それを、消してはいけない」

私は、はっと思った。

「ノートには、自分の考えを書いておいておかなくてはならない。だから、消してはいけない」といった。

私は「でも、友達の考えも書かなくては……」と、心のなかで言うと、無着先生は、わたしの心のなかがわかったみたいに、ていねいに、「消さないで、ほかのところに書きなさい」といった。つづけて先生は、こまかく、ていねいにおしえてくれた。

私は、一つの詩をこんなにていねいに、くわしく授業うけたのはじめてです。いままで、小学校のとき、詩のことについて、こんなにくわしく勉強したことはありません。だから、詩には、あんなに意味があるなんて思いもよらなかったのです。

「春の歌」を勉強して……佐藤美貴子……七年

無着先生が教室にはいってこられて、黒板に書かれた。なんだか変な詩だった。でも、笑ってばかりはいられなかった。先生が、

「これは、だれが言っているのか」

と、いわれたからだ。私は最初、鳥だと思った。でも、無着先生が、

「暗いところから出てきて、顔をあらったんだ」

「目のまえにいぬのふぐりがあったんだ」

とか、おっしゃるうちに、どうも鳥ではないと思った。だいたい鳥が水で顔をあらうわけはない。「ケルルン　クック」はほかの生きものと考えなくてはいけない。冬眠する生きもの……水のそばにいるもの……ケルルンクックとなくもの……。そうだ、蛙だ。蛙なら冬眠するし、水とつながりもある。ケルルンクックは蛙のなきごえだ。蛙は小さいし、地面にはいつくばっているから、背の低いいぬのふぐりが目のまえにあるというのももっともだ。

それから、だれがいっているかをいうのに、大半の人が「蛙」と答えたが、

一人、「大地」と答えた人がいた。私はなるほどと思った。大地が春の光を感じたのかもしれない。でも、「クックック／ケルルン　クック」はおかしい。でも、思いつきはすごい。

この詩は最初、かえるが目をさまし、春の光がとびこんでくる。「ほっまぶしいな」。冬をうまくこせた。「ほっ　うれしいな」。顔をあらったら、春らしく水はぬるんでいた。そして、風はそよ風だった。冬の北風とはちがっていた。「みずはつるつる／かぜはそよそよ」。うれしくって思わず、「ケルルン　クック」。いぬのふぐりの小さくてかわいい花。それから春の「ああいいにおいだ」「ケルルン　クック」。

「ほっ　いぬのふぐりがさいている／おおきなくもがうごいてくる」。とてもうれしくなって、「クックック／ケルルン　クック／ケルルン　クック」。自然にのどから声がでちゃった。蛙の気もちがとてもよく表現されていると思う。


「春の歌」を勉強して……川崎健……七年

無着先生が「春の歌」といってよみはじめた時は「いったいなになんだろう」と思った。正直いって少しおかしかった。

つぎに先生が「これはだれがいっているか」といわれた時、ぼくにはさっぱりわからなかった。「草野心平がいってるのかな。では、どうしてケルルンクックなんていうんだろうなー。やはりおかしいぞ」。

つぎに思ったのは「自然がいっているんだ。そうだ、雄大な自然がいっているんだ」。そう思った。

すると、よこの人が「そうだ、かえるだよ。ねっ、かえるだよね」といって、ぼくに話しかけてきた。その時、ぼくは心のなかでわらった。「まさか、かえるなんてー」と思い、黒板を見て、もう一度よみなおしてみた。

すると、どういうことか、「ケルルン　クック」というのがかえるのなきごえではないかと思えた。だが、ぼくは自分の意志をとおす。つまり、まけずぎらいというか、いじっぱりというか、ともかく自分の意志をとおそうと思い、自分の心に「自然でいいんだ」といいきかせた。

少ししてから「わかる人は手をあげていってみろ」と先生がいった。すると、五、六人の人が手をあげて、「はい、はい」などと声をあげた。

だが、ぼくには手をあげる勇気がなかった。先生はある人（名まえがまだわからない）をさした。その人はなんと「かえる」と答えた。ぼくは、それでも自分の考えをかえようとしなかった。だが、ほかの人たちもみんな「かえる」と答えた。だが、まだぼくは考えをかえなかった。

すると、先生が「そう、これはかえるだ」といった。ぼくはズーンと体がおもくなった。だが、しかたなくすぐに自分の考えをすててしまった。そして、その授業はすすんでいった。ぼくは「かえる」とわかってから、二倍もその詩がすきになって暗記してしまった。この詩はぼくの頭のなかにずっとのこるだろう。

川崎君は五月二日にもたれた新入生歓迎会のとき、この「春の歌」を堂々と暗誦してくれた。あれは、すごく上手な朗読だった。

奪われた自由

ぼろぼろな駝鳥……高村光太郎

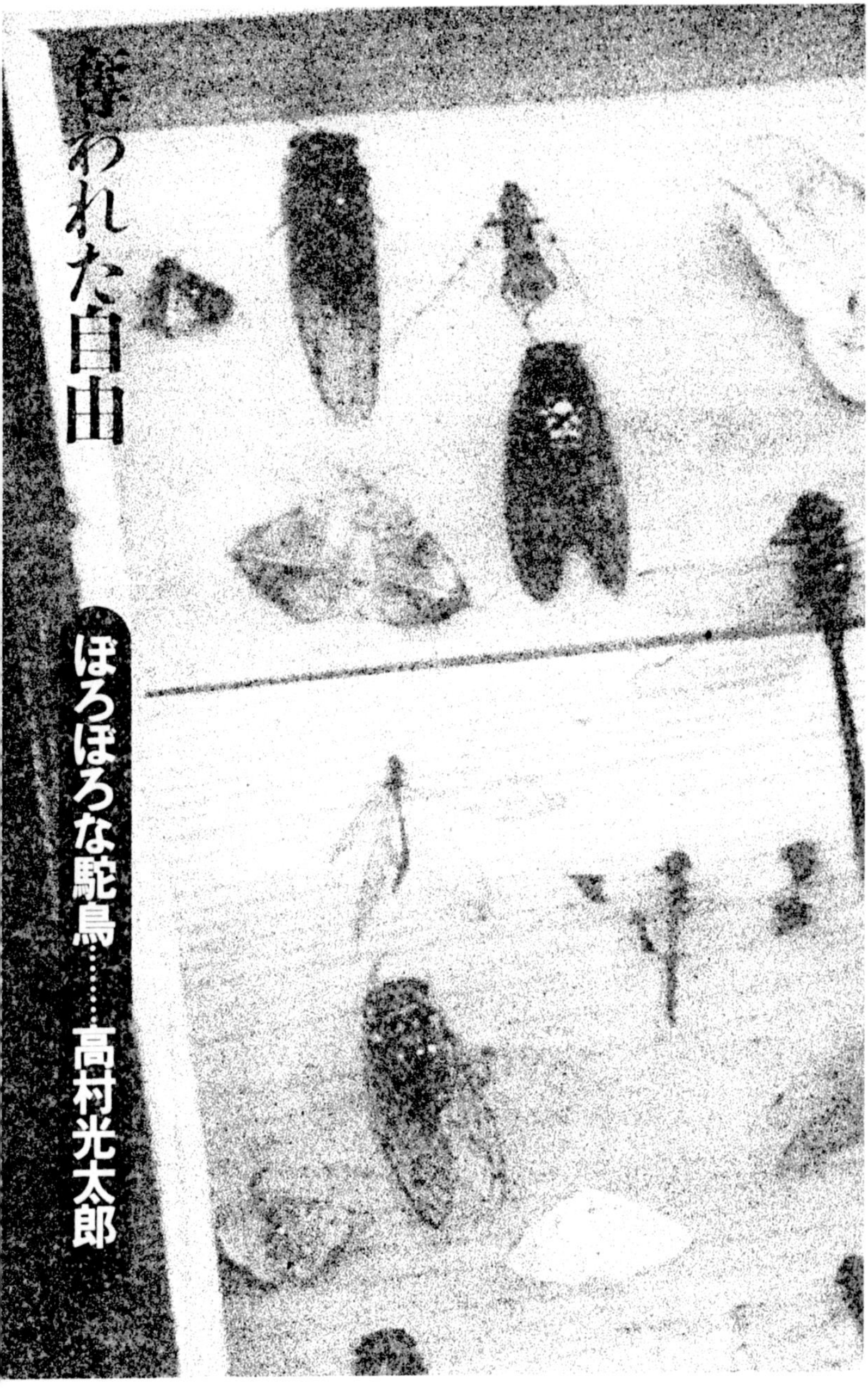

ぼろぼろな駝鳥……………高村光太郎

何が面白くて駝鳥を飼うのだ。
動物園の四坪半のぬかるみの中では、
脚が大股すぎるじゃないか。
頚があんまり長すぎるじゃないか。
雪の降る国にこれでは羽がぼろぼろすぎるじゃないか。
腹がへるから堅パンも食うだろうが、
駝鳥の眼は遠くばかり見ているじゃないか。

身も世もないように燃えているじゃないか。
瑠璃色の風が今にも吹いて来るのを待ちかまえているじゃないか。
あの小さな素朴な頭が無辺大の夢で逆まいているじゃないか。
これはもう駝鳥じゃないじゃないか。
人間よ、
もうよせ、こんな事は。

【たかむら・こうたろう】……一八八三年生まれ、一九五六年没。彫刻家としても知られる。牛・獅子・白熊などをうたった『猛獣編』がある。『道程』のなかの「牛」の詩は有名。
原文は、旧漢字・旧かな遣いであるが、新漢字・新かな、いくらかの漢字をかなに改めた。

「駝鳥」についてしらべる

いちばんだいじな単語は?

黒板に書いた高村光太郎の「ぼろぼろな駝鳥《だちょう》」を、子どもたちは一所懸命写している。教育の方法に書写というのがあるが、わかるような気がする。もちろん、わたしの場合は書写が目的ではないが……。教室には、サラサラ、サラサラとエンピツの走る音だけが聞こえる。書き写し終わった子どもが、一人、二人と顔をあげる。——まだ、書いている人がいるからネ。静かに黙読して待ってあげなさい。——と、目で合図する。

書き写しが終わった段階で、子どもたちは、どんな感想をもったのだろうか。たとえば、

川崎健君は、

「ぼくは、『ぼろぼろな駝鳥』をノートに書き写しながら、駝鳥がかわいそうでかわいそうでならなかった」

と書いた。川崎君は「ぼくは動物が好きだから、すぐわかった」といっている。

久保田裕之君は、

「動物園に飼われている駝鳥が、ぼろぼろになったんだな。なぜだろう」

と書いた。酒匂康裕君は、

「『ぼろぼろな駝鳥』を書き終わってから、こんどは考えながら読んでみた。ぼくは、人間が駝鳥をつかまえて人間が勝手にしていることをいってるんだなと思った。駝鳥がかわいそうでたまらなくなった」

と書いた。

ぎゃくに、何をいいたいのかさっぱりわからないと書いた子どももいた。たとえば、市野尚子さんは、

「初めてこの詩を読んだとき、(なんだー! これー?)と思いました。となりの川崎君が〝かわいそうだなあ。なみだがでるよ〟と言ったので、私は、なんでかなあと思いました」

と書いている。内田素さんは、

「無着先生が『ぼろぼろな駝鳥』を朗読してくださったとき、私には意味がぜんぜんわかりませんでした。《何が面白くて駝鳥を飼うのだ》というところで、私は、(それはしかたがないじゃないか。そうしなければ動物園はなりたたないじゃないか)などと思いました」

と書いている。白井裕子さんは、

「無着先生に詩をおそわって三つ目。『春の歌』がとってもおもしろくて、楽しい詩だったので、こんども、あんなふうに楽しい詩だったらいいなと思っていました。ところが、無着先生が黒板に書いて紹介してくれた詩は『ぼろぼろな駝鳥』だったのです。楽しいどころか、さびしいような、かなしいような詩です。へんな詩だなあと思いました。

それは、わからない漢字がとても多くて、意味がわからなかったからです。たとえば、《動物園の四坪半のぬかるみの中では……》というとき、四坪半というのは何なのか、ぬかるみっていうのは泥んこだとわかっても、そんなのあたりまえという感じで、なにも感じなかったのです。この詩がわかるためには、アフリカのサバンナの広さと、乾いている大地を空想して、それを思い浮かべながら、比較して読まないと、なんにもわかんなかったのです！」

と書いていた。

授業にはいるまえ、といったらいいか、中身にはいるまえ、この詩を書き写させ、わたしが一回範読してやった段階で、「ノートに、この詩を読んで感じたことを書いてごらん」といったのだが、それを調べてみると、七年四組、三十五人は、

①――駝鳥がかわいそう。きのどくになった……十三名
②――むずかしくて、わかりません……六名
③――よせといったって、それじゃ、
　動物園がなりたたないじゃないかと思います……五名
④――動物園(文明)と駝鳥(自然)の対立を書いた詩。動物を自然にかえせ……三名
⑤――高村光太郎は動物の味方であることがわかった……二名
⑥――人間は自分のつごうで駝鳥を飼っている。人間は自分勝手である……二名

⑦——駝鳥は人間をにくんでいると思う……一名
⑧——へんな詩だなあと思う。動物園だからしかたがない……三名

というぐあいになった。

だれ一人として「駝鳥とは、自分自身のことである」とか、「自由を奪われたもののかなしみ」とか、あるいは、「本来、自由であるべき駝鳥を、動物園の狭いおりのなかにとじこめ、自由を奪い、支配している人間の自分勝手さに対する激しい怒り」というふうには、なかなかつかめない。

もちろん、「駝鳥はかわいそう」とか、「さびしそう」とか「きのどく」とかいうところは、はいりくちなので、ここから出発すればよいのだが。

「よし、わかった。それじゃ、まず、わからない単語を調べよう」

そういって、わたしは、まず、

「この詩のなかには、この単語がわからなければ、詩全体が、ぜったいにわからない――というのがひとつある。それは、どれだ!」

というところからはいった。

「四坪半?」

と、河野がいった。

「うーん。四坪半というのは広さのことで、たたみ九畳ぶんの広さなんだ。この教室は二

十坪で四十畳だから、この四ぶんの一で、このぐらいなんだ」

こういって、教室の一角を手でくぎってみせる。それから、もう一度、

「この教室の広さは、二十坪なんだ。そうすると、いったい、この四坪半というのは何なんだ」

「駝鳥が飼われている動物園のおりのなかの広さ」

と、川崎が答える。

「そうなんだ。だから、この四坪半という広さは、この詩のなかで大事なことは大事だけど、いちばんではないんだな。この広さを何かとくらべたとき大事になるんだ」

「あ、わかった。駝鳥が住んでいる大自然!」

と、川崎がいった。

「そうなんだよ。とすれば、いちばんわからなくてはいけない単語はどれなんだい」

「…………」

「駝鳥じゃないか?」

と盛国がおずおずといった。

「そうなんだ。駝鳥のことがわからなければ、この詩の意味がわかんないんだよ」

そういったら、「ああ」とか、「ふうん」とか、「なるほど」とかいう、感嘆とも嘆声ともため息ともとれる声がした。

駝鳥についてわかったこと

〈駝鳥〉と板書して、

「駝鳥は、どこに住んでるの?」

「砂漠」「広い砂漠」「アフリカ」

「アフリカのサバンナ」

「そう、アフリカの広大なサバンナだね」

といって、

〈住んでいるところ――アフリカのサバンナ〉

と板書。

「そこは、しめってるの? それとも乾燥してるの?」

「先生。サバンナだもん、乾いているにきまってるよ」と中村彰二。

「よしよし、乾いてんだね」といいながら板書。

「さて、つぎは、広いサバンナに住んでいる駝鳥が歩く一歩は何メートルぐらいかな?」

「…………」

「三メートルぐらいじゃない?」

なんて石塚がいったけれど、もとより自信あってのわけではない。わからないので、百科事典をひく。

「――ひとまたぎ三・五メートルから四・五メートル、って書いてあるよ。なかをとって、四メートルだね」

みんな、「へえー！」と感嘆の声。

「さて、つぎ、走るスピードだがね。最高に走るときで一歩の歩幅が七メートルぐらいになり、時速九十キロメートルをだすことができるって……」

「すごーい」

〈走るとき、一歩七メートル。時速九十キロメートル〉と板書。

「じゃ、背の高さは雌と雄ではちがうらしいが、雄は……」。そういって、

〈身長二・五メートル、体重百三十六キログラム〉

になるのもいるんだってと板書。

〈頭は小さいが、首は長い〉

〈翼は退化して、飛べない〉

「サバンナに住んでいる駝鳥は、それじゃ、何を食べてんの？」

「先生。くちばしは、どうなってんの？」と川崎。

「うん、とんがってなくて、偏平なんだ」

「それじゃ、草だとかさ、虫だとかじゃないの」

「そう、そうなんだよ。草だとか、草の実だとか、昆虫だとか、小さなトカゲなんかも食うらしいね」

そういいながら、

〈食べ物――草、草木の実、昆虫など〉と板書。

「さあ。駝鳥について、これぐらいわかっていれば、いいかな」

そういって、もう一度、板書してまとめたのをみてみる。

駝鳥

スピード……時速九十キロメートル

歩幅……歩くとき四メートル　走るとき七メートル

住んでいるところ……アフリカのサバンナ。熱帯地方で乾いてる

身長……二・五メートル

体重……百三十六キログラム

特長……頭は小さいが、目は大きく首は長い。翼は退化して、飛べない

食べ物……草、草木の実、昆虫など、だいたい生きているもの

こんなふうにして、わからない単語の意味をしらべて――というよりは、いわば、字引き的な意味をあきらかにする程度で、一時間めの授業は終わってしまった。

意味をしらべた単語は、「飼う」「動物園」「四坪半」「ぬかるみ」「脚」「頚」「ぼろぼろ」「堅パン」「身も世もない」「燃える」「瑠璃色」「素朴な」「無辺大」など。

駝鳥とは人間のことではないか

せまいオリのなかで

みんなはノートに書いてあるので、わたしは模造紙に書いてもらって黒板のまえにさげた。

それから、わたしが朗読し、男女各一名に読んでもらって、

「きょうは、自然のなかでいきいきと生きている駝鳥を頭に浮かべながら、それと比較して勉強をすすめていこう」

と、呼びかけた。


――何が面白くて駝鳥を飼うのだ。――


「おこってんだ」

「うん、おこってんだ」

みんな、口ぐちにいう。

「高村光太郎は、大自然の広いところに住んでいる駝鳥をつかまえて、せまいおりのなかにいれていることを、おこっているんだと思います」と、内田さん。

「うん、佐藤さんは」

「私もそう思います。この最初の一行は、最後のほうの《これはもう駝鳥じゃないじゃない

か。／人間よ、／もうよせ、こんな事は》というのと、関係していると思います」

「よおし、よおし。そうだね。それじゃ、つぎにいくよ」


――動物園の四坪半のぬかるみの中では、脚が大股すぎるじゃないか。


「四坪半というのは」

「駝鳥を飼っているおりのなかの広さ」

「うん。そうだネ。広さは――」

「たたみ九畳ぶんぐらい」

「これは、なんと比較してんだろ」

「駝鳥が住んでいたサバンナからみたら、まったくせまいということ」

「先生。この広さじゃ、サバンナにいたときの三歩ぶんぐらいしかないいんじゃない」

「足もとは、ぐちゃぐちゃだしさ」

「サバンナは乾いてんのに」

「住みにくいよなあ」

「よしよし、つぎにいこう」

――頸があんまり長すぎるじゃないか。

「そうだよ。背が高いんだから」

「身長が二・五メートルもあるんだもんな」

「かわいそうだよ」

「よし。つぎにいこう」


――雪の降る国にこれでは羽がぼろぼろすぎるじゃないか。――


「雪の降る国って、先生。札幌かなんかの動物園ですか?」

河野の発言。それに対して、坂田が、

「ちがうだろう。駝鳥は、アフリカの熱帯に住んでいるのが自然なんだということと比較してんだから、雪の降る国っていうのは、北海道とはかぎらないんじゃない。日本という意味じゃない」

それに対して、郁子や裕子も、「うん、そう」とうなずいた。

「羽がぼろぼろって、どうしてぼろぼろになってしまったの。鉄のおりからにげだそうと思って、ぶっつけてかなあ」

と、久保田がいいだしたものだから、

「おまえ、ちがうだろう」と川崎。「だって、駝鳥は、熱帯地方のサバンナに住んでいて、足が発達して、翼なんかいらなくなった動物だろう。暑いから、すずしくしてるんだよ。それを日本につれてきたんだから、《ぼろぼろすぎるじゃないか》といってんだよ。熱帯地方なら、これでもいいけど……って」

「よおし。よし、川崎のいまの意見でいいか」

「いい」

「でも、久保田の意見だって正しいと思うよ。駝鳥はサバンナへかえりたくて鉄のかなあみに体当たりしたかもしれないしさ」

という意見が石塚からでて、「それもある」ということになった。

「とにかく、雪の降る国に住むには、ぼろぼろすぎるというんだネ」

「うん」

「じゃ、つぎにいこう」

——腹がへるから堅パンも食うだろうが、——

「先生。堅パンてどんなのか、やっぱり食べてみないとわかんないよ！」と河野。

「やっぱり、河野は、そういうだろうと思ってた」とわたしがいうと、教室中、どっと大笑い。わたしは、いかにももったいぶって、カバンのなかから非常用のカンパンをとりだす。

「あ、あれ知ってるよ」

「なあんだ、非常食じゃねえか」

「あ、これ、カンパンていうの」

口ぐちに、そんなことをいっているあいだに、みんなに一コずつわたす。みんな、ボリボリと音をたてて食べる。カンパンを食べる音がひとしきりして、静かになったとき、わたしは、もう一度、《腹がへるから堅パンも食うだろうが》と読む。すると、

「うまいじゃないか!」

「うん、わりとうまい。こうばしいよ!」

「ああ、ダチョウになりたい」

などと、ふざける。わたしは、

「わかった。それじゃ、日に三度。毎日毎日、カンパンだけの生活——というのを考えてみろ。たきたてのご飯になっとうもダメ。サーロイン・ステーキもダメ。カレー・ライスもダメ。ハンバーグもダメ。スパゲッティもダメ……」

「先生。わかったよ」

「わかった。わかった。もういいよ」

「そうだろう。ところが、駝鳥は、堅パンだ。大自然のなかでは、いったい何を食ってたのだ」

「生きている草」

「草や木の実」

「昆虫」

「そうだろう。だったら……」

「一回や二回ならいいけど、それあ、まずいよ」

「そうだ。昆虫だとか、生きのいいトカゲだとか、草木の実だとかを食べている駝鳥にとって、毎日毎日、堅パンではひどいよなあ。そういう気持ちをあらわしてるんだ。じゃ、つぎにいくぞ」

広大なサバンナをかけめぐる夢

——

　駝鳥の眼は遠くばかり見ているじゃないか。

——


「ここは?」

「自分が生まれて育ったふるさとを見てるっていうことじゃないですか」と治子。

「そう。はるかなるサバンナを求めて、悲しそうに遠くを見つめているじゃないか。かわいそうに! という意味」と、真衣子。

「よし。ちがう意見のひと。いないね。それじゃ、つぎ」


——

　身も世もないように燃えているじゃないか。

——


「身も世もない――というのは、岩波の『国語辞典』では、『わが身も世間体もかまっていられない』というのだったね。『広辞苑』でも『わが身も世間体も考えられぬ。常態ではいられない。(身も世もあられぬ)』だったね。だから、ここは?」

「サバンナへかえりたいという気持ちで世間体だとか、外聞だとかにかまっていられない」

「駝鳥は、見えも外聞もなく燃えてんの！」

「どう燃えてんの？」

「おりのなかから脱出したいって！」

「そうだ！　動物園のおりのなかで立身出世―板書―なんかしなくったっていいから、このおりからだしてくれ！　サバンナにかえしてくれッ。そういう気持ちで燃えているんだね。〝身も世もない〟というのは〝立身出世〟という熟語からでてくるんだよ。それじゃ、つぎにいこう」


――

瑠璃色の風が今にも吹いて来るのを待ちかまえているじゃないか。

――


「瑠璃色っていうのは？」

「青緑色の、つやつやした鉱物の色って書いてあるよ」

「そうです。七宝の一つで、瑠璃という鉱物があるとされてるんだ。その色なんだな。その青緑色の風を待っているっていうことは？」

「それは、サバンナに吹いている風のことでしょ」

「駝鳥は、そういう風のなかで自由に跳びまわる日がくることを待っているというんです」

「そう。そのとおり。それじゃ、つぎ」


――

あの小さな素朴な頭が無辺大の夢で逆まいているじゃないか。

――

「駝鳥の頭は、からだの大きさにくらべて、うんと……」

「小さい」

「そう。小さかったんだね」

「その頭は、素朴だというんだ」

「素朴。一、飾りけがなくてありのまま。二、物の考え方が単純で原始的な状態のまま、あまり発達していないこと――こう書いてあります」

佐藤美貴子がすぐ字引きをひいてくれた。

「うん。だから、駝鳥は悪知恵なんかはたらかすの?」

「はたらかない」

「悪いことをしない」

「そう。小さくて素朴な頭をしてるっていうの、そういうことだね。正直で、けっして悪知恵なんかはたらかさない。その頭のなかは、どうだっていうの?」

「広大なサバンナをかけまわる夢で、いっぱいになってるじゃないか」

「そうだ。そのとおり。駝鳥というのは、どんな動物だといってるんだ!」

ここで、板書を指さす。みんなは、「ああ」と声をだす。

「そうだ。駝鳥というのは、身長二メートル以上もあり、ひととび七メートルもの跳躍で、時速九十キロメートルぐらいの速さで、広大無辺のサバンナをはしりまわってこそ駝鳥なんだ。それが動物園のおりのなかでは!」

これはもう駝鳥じゃないじゃないか。

「そうだ。だから」

人間よ、
もうよせ、こんな事は。

「そうだ。文明を発達させてしまった人間のつごうによって、おりのなかにとじこめ、自由を奪い、ぼろぼろの姿にしてしまって平気でいる人間よ。そんなことをする権利が、人間にあるのか！　こういうふうに、高村光太郎は、おこってるんだね」

ここまでいって、教室を見まわした。教室はシーンとしている。

自分の自由な生き方とは

「さあ。この詩が、わたしたちに何かをひしひしと訴えているね。訴えているものをことばにするとどういうことになるだろうか?」

「…………」

ちょっと沈黙がつづいたあと盛国がいった。

「駝鳥には駝鳥の生き方があるのに、それを人間が勝手につかまえて、動物園のおりのなかへとじこめるなんてゆるせない！　っていうことじゃないかなあ」

川崎が、こうつづけた。

「そうなんだ。これは、駝鳥のことをいってるけど、人間にもあてはまるんじゃないの」

「…………」

「川崎君が、《人間よ、／もうよせ、こんな事は》というのは、人間にもあてはまるんじゃないかといったけど、それはどういうことなんだろう」

こう問いかえしたら、これには、いろんな意見がでてきた。まとめてみると、

「人間が、自分の生き方をしたいと決心することは自由であるからだ。そういう自由を束縛して、きっぱりとおりのなかにいれてしまって、自分の判断で生きていくことができないようにしてしまったらおしまいだ。自由な精神が完全にしばられてしまう。それが、動物園や駝鳥にはあるんじゃないか。だから、そういうことは、よせ！といってるんだと思います」

ということになる。

「うん、いい。そういうことだと思うよ。この詩は」。わたしもそういって、「つまりね。この世に生を受けてきたわたしたちは、本来、どうなければならないか。自分にとって自由な生き方とはどういうことなのか。そういうことをしみじみと考えさせてくれる詩だといえるね。それじゃ、これでおしまいにしよう。だれかに読んでもらいましょう」。

男子では川崎健君、女子では内田素さんに読んでもらった。川崎健君はおこっているように、内田素さんはなげくように読んでくれた。二人ともすごくうまかった。ものすごい拍

手だった。

「それじゃ、きょうの授業をよーく思い出して、感想文を書いてきてください。題は、『ぼろぼろな駝鳥を勉強して』というのでいいですよ」

そういって終わりにした。

ぼくは涙がでてきてしまったぜ

子どもたちの感想文から

初発の感動といったらいいか、この詩を読んですぐに感じたことを、まずノートに書いてもらった。それは、まえに報告したとおりだ。そのときすでに、この詩は、動物園に飼われている駝鳥を、駝鳥ではないといっている詩だと指摘し、駝鳥というのはどういうものでなければならないのかを書いているといっている子どもがいた。そのときわたしは、子どもの直感というのはすごいなあと思った。その思いを、感想文を読むことでますます感じた。たとえば、石塚郁夫は、

「無着先生が、《何が面白くて駝鳥を飼うのだ》と読んだとき、顔をまっかにし、ビリッとひびく大きな声だったので、ン、これは、おこってる詩だなと、すぐわかった」

と書いていた。坂田康裕は、

「ふるさとに住む自由や、自分のすきなものを食べる自由や、動きまわる自由さえうばわ

れてしまった駝鳥。人間の手によって、せまいおりのなかにとじこめられている駝鳥。そういう駝鳥のことを考えるとかなしくなった。ふるさとの友だちとあそぶ自由もないなんて考えると、そういうふうにしてしまった人間を許せないという気がしてきた。駝鳥だって人間とおなじ生きものだ。おなじ地球に生まれ育ったのであるから、こんなふうに自由をうばうことはまちがいだ!!」

と書いていた。こんなふうにとりあげていけば、きりがない。

授業の流れにそって、はじめはよくわからなかったけれど、授業がすすむにつれて、よくわかってきた――という書き方では、ほとんど全員、よく書けていた。

つぎに、よく発言してくれた川崎君と、わたしから目をはなさず集中してくれた本郷治子さんと、終始、うつむきかげんで考えこんでいた高見沢珠さん、この三人の感想文を紹介しておきたい。

「ぼろぼろな駝鳥」の授業を受けて……………高見沢珠……七年

この詩を、無着先生が黒板に書いてくれた。そのとき、サラサラッと読んだ。そして、なんだ、すきでないなと思った。最初の一行、

《何が面白くて駝鳥を飼うのだ。》

でひっかかってしまったのだ。だって、動物園だからしかたないんじゃない。面白がって飼ってるわけじゃなくて、駝鳥も飼っておかなければ

動物園としてなりたたないんじゃない。だって、それ見たくってくる人もいるんだから、なんて思った。だから、
《動物園の四坪半のぬかるみの中では、
脚が大股すぎるじゃないか。》
というところでも、アフリカと違って、日本は土地がせまいし、それに土地を買ってひろげるとなると、ものすごくお金がかかるんだから、しかたないんだよ、なんて思った。
私には、はじめの印象で決めつけるくせがある。だから、「何が面白くて駝鳥を飼うのだ」と最初の一行で頭からきめつけられると、「面白くて飼ってるわけじゃないじゃない」といいたくなって、それがそのまま、この詩全体の印象にむすびついてしまったのだ。
「あんまり好きな詩じゃない」という第一印象は、無着先生の二回目の授業までつづいた。
二回目の授業のとき、うん、そういわれれば、駝鳥もかわいそうなもんだなと思った。アフリカのサバンナ。大自然のまっただ中で、生き生きとくらしていた駝鳥！　自分の思いどおりに、自由に生きていた駝鳥！　その駝鳥が、四坪半のぬかるみの中にとじこめられて、堅パンばかり食わせられている。これはかわいそうだ！　そう思ってるうちに、

《何が面白くて駝鳥を飼うのだ。》
という、この第一行を、動物園の側から読んだのではだめなんだって、はっと気がついた。駝鳥のたちばにたって読まなくちゃ、この詩は読めないいんだって気がついた。
私は授業中、無着先生の顔を見ないようにして考えていた。無着先生の顔を見ると、せっかく考えた自分の考えがこわされそうな気がしたからだ。私は、授業の内容とはべつに、だんだんだんだん、アフリカのサバンナで自由に生き生きと生きている駝鳥と、この詩のなかにかかれている動物園のおりの中の駝鳥と比較しながら考えていた。
《これはもう駝鳥じゃないじゃないか。
人間よ、
もうよせ、こんな事は。》
この、最後の三行の意味がよくわかんなかった。私の頭は、この三行に集中していた。授業は終わった。
だけど、私の頭のなかではまだつづいていた。家にかえって、この感想文をかきながらつづいている。そして、ハッと気がついた。
子供だ!! テストと親にがんじがらめにされた子供のことだ。学校の教室という二十坪のおりの中で、空想の翼をボロボロにされてしまう子供のことだ！

私が、ハッとそのことに気づいたとき、この詩の意味がわかったような気がした。

《何が面白くて子供を教育するのだ。

学校の教室のかぎられた中では、
空想力が大きすぎるじゃないか。》

ああ、あてはまる、あてはまると思った。それから、また考えた。

駝鳥が駝鳥でなくなるとき……

子供が子供でなくなるとき……

だから、
人間が人間でなくなるとき……

こう考えてくるとはっきりしてきた。駝鳥が駝鳥でなくなるのは、動物園の四坪半のぬかるみにおしこめられたときだ。そこからでられなくなったときだ。サバンナで生き生きと自由に生きていた状態をうばわれたときだ。子供だって、人間だって目には見えないけど、きまりとかというわくにおしこめられて生きてるっていうことがある。

そういうことに対する抗議の詩なんだ。

《人間よ、

もうよせ、こんな事は。》

私は、「わかった！」と思った。私は、この詩がすきになった。詩の勉強で、こういうふうに心がかわったのは、このまえの「春の歌」と、こんどの「ぼろぼろな駝鳥」だけ。無着先生の教え方がうまいからか。私の読解力がよくなったからか、それとも気まぐれな心変わりか。それはわからない。ただ、無着先生から習うと、まえに習った「春の歌」でもそうだったが、頭のなかに詩でえがかれている情景がうかぶのだ。駝鳥のさびしい姿だとか、かえるのうれしそうな顔だとか。そして、おはなしできる感じになる。そうすると、わかってくるのだ。

「ぼろぼろな駝鳥」を読んで……………本郷治子……七年

私ははじめこの詩を読んで、ぜんぜん意味がわかりませんでした。

「この作者は何を言いたいのだろう」

「作者は駝鳥の悪口を言っているのかな」

などと考えていました。そのとき、

「かわいそうな駝鳥……」

とだれかが言っているのが聞こえました。私は、

「どうしてかわいそうなんだろう」

と思いました。そのとき、

「ああ、ここは動物園なんだぁ」

とわかりました。

そうわかると、だんだん内容がわかってきた。この駝鳥は、せまいおりの中にとじこめられている駝鳥なんだ。だから、そのおりの中では、足が大股すぎるんだ。広いサバンナにいれば、その大股も十分に使えるのに。頚が長すぎるんだ。広いサバンナにいれば、遠くまで見ることができるのに。羽がぼろぼろすぎるんだ。熱帯地方なら寒くはないのに。おいしくもない堅パンを毎日食べさせられるんだ。サバンナでは、おいしい草の実や昆虫が食べられるのに。おりの中では眼がぼけてしまうんだ。広いサバンナにいれば、眼をキラキラ輝かせて走り回っていられるのに。

そこまでわかると、身も世もないように燃えているということや、瑠璃色の風が吹いて来るのを待ちかまえている駝鳥の気持ちがよくわかってきた。小さな頭の中が果てしない夢で逆まいていてもおかしくはない。四坪半のぬかるみで飼われている駝鳥はもはや駝鳥ではないということ、よくわかった。

私は、これは駝鳥には限らない、こんな姿でいるのは、なにも駝鳥だけではない、と思った。ライオンだって、トラだって、ゾウだって、みんな広い草原で走り回っていたいにちがいないのだ。よくよく考えると、私の家で飼っているインコだって、この「ぼろぼろな駝鳥」とおなじことだ。かごの中でしか生きられないインコはもうインコではない。

この作者はたぶん、駝鳥だけがかわいそうなのではなく、人間の力によって、ほんとうの姿を失ってしまった動物たち全部に対して思いをよせているのだ！

そう思って家へかえってからもう一度、この詩を読み返しているうちに、ハッと気がついたことがある。それは、これは駝鳥のことをいってるんではなくて、私たち人間のことをいってるんではないかっていうこと。私たち人間の一人一人が、いまや「ぼろぼろな駝鳥」になってるんではないかっていうこと。

そういうことに気がついたとき、無着先生の授業が、またありありと思いだされてきた。人間だって、「ぼろぼろな駝鳥」みたいに自由にものを考えたり、自分のやりたいことをだれにもえんりょしないで発表することができないような、おりの中にいれられるということがあるんだ！

そのことを高村光太郎はいってるんだ！

私はそう思った。

「ぼろぼろな駝鳥」を勉強して…………川崎健……七年

ぼくは「ぼろぼろな駝鳥」という、この詩を写しながら、もう、駝鳥がかわいそうで、かわいそうでならなかった。

ぼくは動物が大好きだ。それも、自然のなかで生き生きしている野性の動物が大好きだ。だから、

《動物園の四坪半のぬかるみの中では、

脚が大股すぎるじゃないか。》

というところで、もう、ぐっときてしまった。

ぼくの頭のなかには、アフリカのサバンナを駆けまわって、生き生きと生きている駝鳥がいる。その駝鳥と、高村光太郎の「ぼろぼろな駝鳥」は、まるで月とスッポンだ。

高村光太郎は、動物園で駝鳥を飼うには、

四坪半なんて、あまりにもせまいじゃないか

どろどろ、ぐちゃぐちゃで住みにくいじゃないか

脚が大股すぎるじゃないか

頸が長すぎるじゃないか

羽がぼろぼろすぎるじゃないか

エサがまずいじゃないか

こんなふうに、強く抗議している。それは当然のことだ。ほんとうに動物のことを知ってるなら、がまんできないことだ。サバンナを時速九十キロメートルのスピードで駆けまわっている生き生きした駝鳥の目と、四坪半のどろどろどろぐぐちゃぐちゃの中で、どろんとした目つき(死んだサカナの目つき)をした動物園の駝鳥を思い浮かべると、ぼくはなみだがでてきてしかたがなかった。かわいそうで、かわいそうで、どうしようもなかった。

人間て、なんていやなやつらなんだ。駝鳥はめずらしいとか、駝鳥がいないと動物園がなりたたないなんていう理由で、勝手につかまえて、せまいおりの中にとじこめて、自由をうばってしまう。人間のつごうで動物が自由をうばわれる。ほんとうに思いやりのない動物だ。この詩を、一人でよんでいるうち、だんだん、だんだん人間がきらいになってきた。ぼくは動物が好きだから知っている。動物には欲がない。たとえば、ライオンだって、むやみやたらとしま馬を殺したりはしない。必要以上は殺さない。必要な最小限度だけ殺す。それに対して人間の欲はきりがない。動物には思いやりがある。心がきれいだ。じゅんすいだ。ぼくはそれを知っている。ぼくが、その動物をほんとうに愛して、友だちとしてつ

きあうと、動物もともだちとしてつきあってくれる。ぼくはほんとに、
《人間よ、
もうよせ、こんな事は。》
って、高村光太郎とおなじ気もちでさけびたくなった。
でも、無着先生といっしょに、中身をくわしく勉強していくうちに、すこしかわってきた。それは、このはなしは、なにも駝鳥のことにかぎらないということだ。動物全体のことをいってるんだとわかったことだ。そして、人間も動物なので、人間じしんのこともいってるんだとわかったことだ。
駝鳥は、「たとえば」なのだ。たとえば、駝鳥の住みかは、アフリカのサバンナである。駝鳥は、そこでこそ駝鳥だ。駝鳥はそこに住む権利を、生まれたときからもっているのだ。その権利を人間がふみにじり、駝鳥の一生の人生(駝鳥生)をうばいとっていいという権利は人間にはないはずだ。
それなのに人間は、駝鳥から住む場所をえらぶ自由をうばい、自分のたべたいものをたべる自由をうばって、くいたくもない堅パンなんか食べさせて、頭もつっかえるし、足もつっかえるような、ろうやのようなせまいおりの中にぶちこんでいる。駝鳥にほんとうの生活をさせない。こ

うことが許されていいのかっていうことをいってるんだ。

動物園のおりの中の駝鳥に、「いま、君の生きがいは何ですか?」ときけば、駝鳥はまず、「ない」と答えるだろう。それから「ただ、自分のふるさとのサバンナへかえりたいということだけで、むねがいっぱいだ」と答えるだろう。

帰れるはずのない自分のふるさとのことを毎日毎日、夢にみて、この駝鳥は生きていくしかない。このことのほかに考えることなんてこの駝鳥にはないのだ。ただ「帰りたい。帰りたい」の一つだけ。この駝鳥はきっと死ぬまで、このせまい四坪半のぬかるみのなかでサバンナへ帰る夢をみながら死んでいくのだろう。

こんなことが、なぜ許されるのだ!!

ぼくのいいたいことは、これは駝鳥のはなしではなくて、駝鳥にあることは人間にもあるっていうことだ!

先生。ここまで書いてきて、ぼく、またなみだがでてきてしまったぜ。

自分自身を生きる

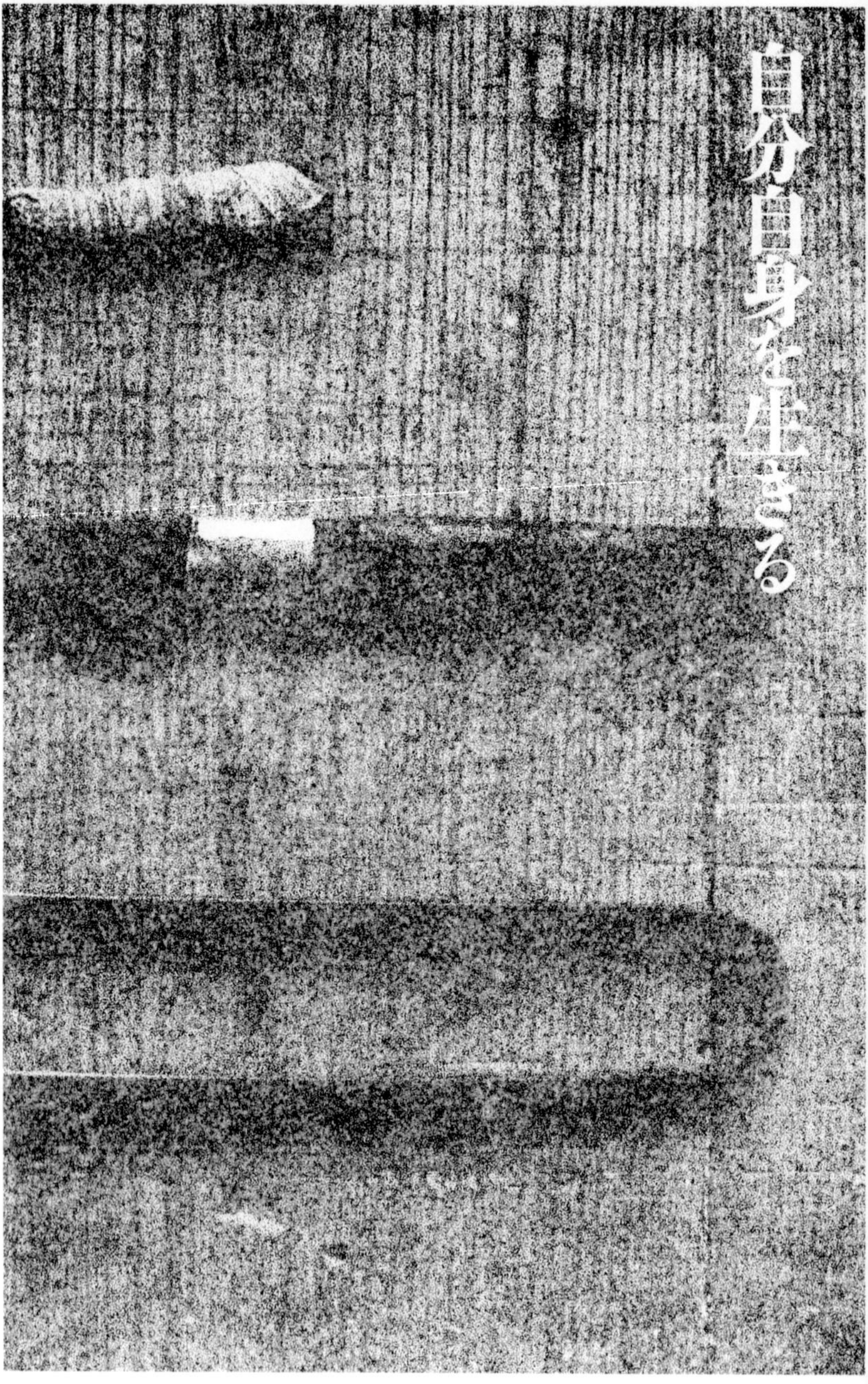

表札……石垣りん

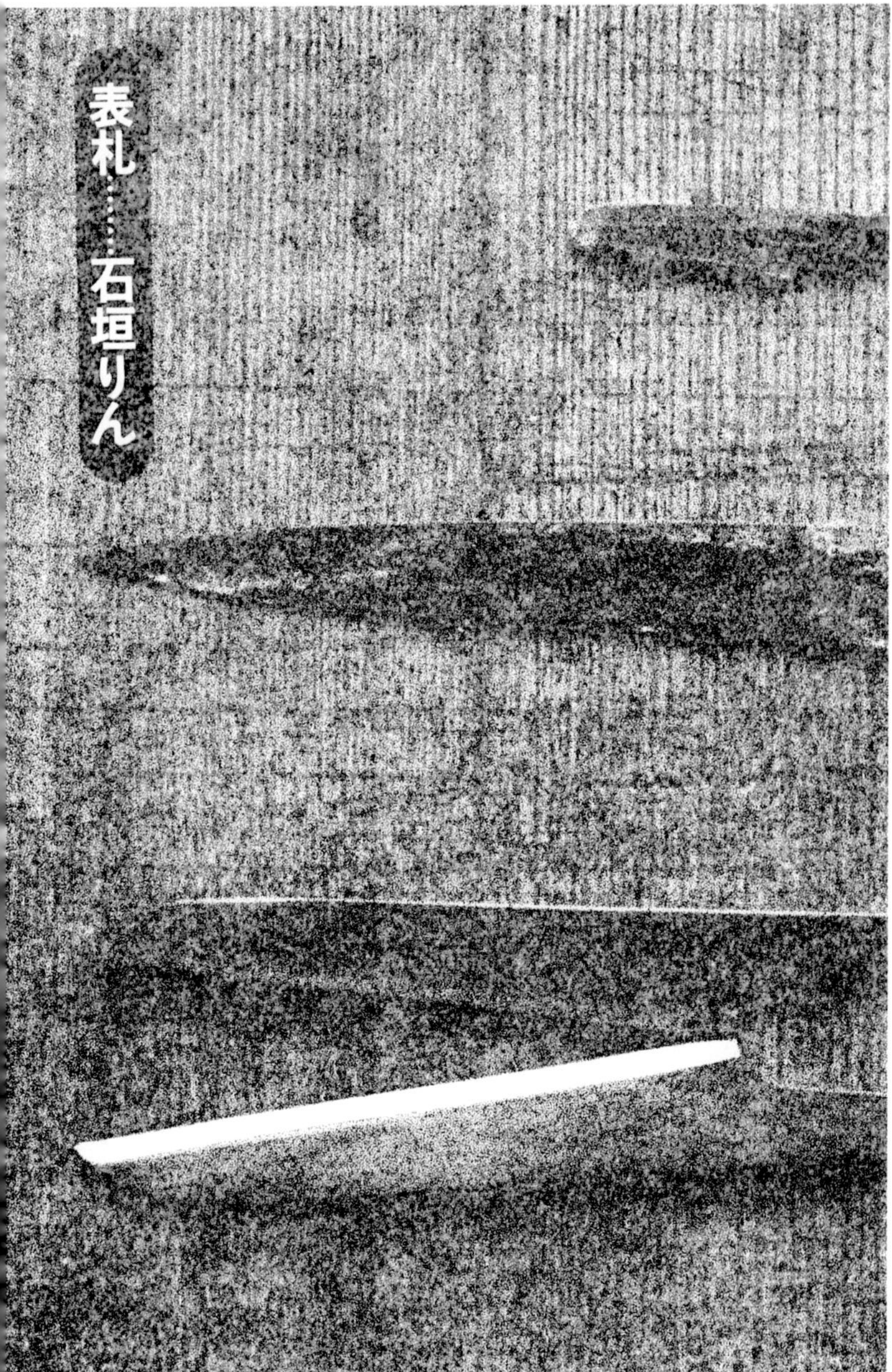

表札……………石垣りん

自分の住むところには
自分で表札を出すにかぎる。

自分の寝泊りする場所に
他人がかけてくれる表札は
いつもろくなことはない。

病院へ入院したら
病室の名札には石垣りん様と
様が付いた。

旅館に泊っても
部屋の外に名前は出ないが
やがて焼場の鑵《かま》にはいると
とじた扉の上に

石垣りん殿と札が下がるだろう
そのとき私がこばめるか?
様も
殿も
付いてはいけない、
自分の住む所には
自分の手で表札をかけるに限る。
精神の在り場所も
ハタから表札をかけられてはならない
石垣りん
それでよい。

【いしがき・りん】……一九二〇年生まれ。「表札」は第二詩集『表札など』(一九六八年)に収録されている。第一詩集『私の前にある鍋とお釜と燃える火と』以来、〃生活の詩〃を書きつづける。

なぜ、この詩を教えたいか

自分が自分であることの発見

『明星学園小・中学校の教育』という小冊子のなかに、

「明星学園小・中学校はすべての子どもが可能性としてもっている人間的な諸能力を、教育によって目覚めさせ、ひきだすことによって、個性を発達させ、内面的な精神の自由を育てることを教育の目的としています」

という文章がある。ワン・センテンスのなかになにもかにも盛りこもうとしたので、読めばただちにイメージになる、というほどわかりやすいものではないかもしれない。

かんたんにいえば、このなかには、一、子どもをどうみているかという子ども観・人間観がある。子どもを(人間を)ひとりひとり個性のある、可能性を秘めた存在としてみている。

二、教育というものをどう考えているかという教育観がある。教育とは、育てるために何かを教えることであって、何かをつめこむことがさきにあるのではない。目ざめさせるために、十分ひきだすために、学問的な真理や芸術的な美と出会わせることだと考えている。

三、そして、自分に目ざめさせる、自分というものを発見させる、そういうことを教育の目的としている、という内容である。

だから、教師は、何かを子どもにぶっつけてみなければならない。ぶっつけてみるものを教材といい、ぶっつけ方を授業という。ぶっつけるものと、ぶっつけ方と、ぶっつけられる子どもの状況のバランスがみごとなときだけ、子どもは、なにかに出会った、という実感をもつことになる。

さて、わたしが、ぶっつけた、石垣りんの「表札」という詩はどうだったろうか。

石垣りんは、わたしの好きな詩人の一人である。彼女の、生活のなかで体験したことに根ざした――といったらいいか、生きてきた自分の生き方、そして、その生きざまに根ざした詩を読むと、いつも感動する。ことばによりかかっていないという特徴があるからかもしれない。「私の前にある鍋とお釜と燃える火と」や、「不出来な絵」などを読むとき、そうだ！　と思う。

この「表札」は、七連二十三行でできている。主題は、第一連《自分の住むところには／自分で表札を出すにかぎる》ということばのなかにある。

第二連は、第一連をうけて、相対的な立場から主題を強調している。

第三連と第四連で、第二連でのべたことの正しさを事実で証明しようとこころみている。

第五連は、第二連以下、第四連までにのべてきたところの結論。

そして、第六連は、第一連＝主題のくりかえし。

第七連は、この詩の結論である。ここにきて、「表札をかける」ということの意味が、精神の自立へと抽象化されている。

他人と比べて、劣等感におちいったり、優越感にひたったりすることのおろかさ。自分の存在は、他人と比べたりして評価すべきものではないのだということ。自分は自分であって自分以外の何者でもないということ。こういうことに目覚めて、自分自身の人生を生きる――そういう精神、それを自由な精神というのなら、そういう生き方こそ正しいのだということを、この詩で読みとらせたい。これは、わたしどもの考えている明星の教育の精神でもあるのだから。

そこで、これを、七年生の子どもたちにわかるようにぶっつけてみよう、という気になったのである。

自分自身ということば

わたしは、いつでも詩を黒板に書いて、それを子どもたちに写させるところから授業をはじめる。この「表札」の場合もそうであった。わたしが黒板に詩を書く。それを子どもたちが写す。そのとき、子どもたちは、どんなことを考えながら写すのだろうか？　七年三組の佐伯美歌という子どもは、

「無着先生は、黒板に『表札』と書いた。表札？　と、そのしゅんかん、変わった題だなあと思った。表札というコトバは、ふだんにつかう単語だ。門にかけてある、あの、うちのおとうさんの名前のことだろう。あれがなんで詩になるのかしら、と思った。

詩が書かれた。

《他人がかけてくれる表札は
いつもろくなことはない。》

という二行のところで、私の写す手がとまってしまった。あたしはすごく不思議に思ったからだ。なんで、他人からかけてもらった表札では気にくわないんだろう。お父さんの表札を、お母さんがかけることだってあるじゃないか。大工さんがかけることだってあるじゃないか。年末の大掃除のとき、わたしがはずして、きれいにふいて、かけることだってある。そういうの、みんな気にくわないわけだ。なぜだろうと思った。

いやいや、この人が気にくわないのは、他人がかけてくれる表札は他人がかってに書いたものだからにちがいない。きっと、石垣りんという人は、字の上手な人にちがいない。だから、他人がかけてくれる表札は、自分の字ではないから気にくわないのにちがいない。そうすると、この人は、他人の字では気にくわないのだから、自分の字でないと承知できないのだから、すご〜い自信家なんだ、と思った。

でも、無着先生が、黒板に、だんだん書いていくうち、そして、私も、そんなこと思いながら写していくうち、あれ、あたしの考えは間違っているんじゃないかな、と思いはじめた。あたしが最後まで写したとき、まだ、はっきりしたことは、わからなかった。それで一回、ゆっくりと読みかえした。そのとき、また、考えがかわった。

作者は、他人がかけてくれる表札には様や殿がつくから気にくわないんだ。それじゃ、なんで様がついたり殿がついたりするのが気にくわないんだろう、とふたたび不思議になってきた。

あたしの勝手な感想が、そんなところまですすんだとき、いよいよ、この詩の内容の授業がはじまった。

あたしは、しばらくぶりで授業に熱中した。他人がかけてくれる表札——というのは、他人が勝手に自分自身を評価してくれることをいうのだ。他人から、あ〜でもない、こ〜でもないといわれることだ。そのことを気にしたら何もできやしない。自分は自分なんだ。石垣りん、それでよい！ のだ。

あたしは、この詩の勉強で、ひとつのコトバが、わかった。それは、『自分自身』というコトバだ」

と書いていた。

さて、わたしの授業は、どんなだったろうか。わたしは、この詩で、七年生の四クラスを授業した。いちばん最初にやったのは、七年二組で、公開授業のときであった。そのときの授業を『ひと』の編集委員の上野初枝さんが、録音をとり、記録をおこしてくれたので、その記録にそいながら報告してみたい。

精神の自由、自立とは

さて、授業開始

上野さんは、授業のはじまりのようすをこう書いている。

二時限め開始を知らせるアナウンスをきいて、私が七年二組の教室へかけつけたとき、もう教室にはいりきれない見学者が廊下まであふれていて、ラッシュアワーの満員電車のような状態でした。授業をしにきた無着先生も、なかなか教室にはいれないありさまです。

授業にはいるまえ、無着先生は出席をとりましたが、一人一人、名まえを呼んでは子どもの顔をしっかりとみつめます。そして、名まえを呼びながら、ときおり「よおし」とか、「うむ、元気だな」とか、「いい顔してるぞ」とかとことばをかけるのです。見ていてそれは、先生と子どもたちとが、これから授業にとりくもうとして、「しっかりやろうナ」と、みえない握手をかわしているように思えました。

このことについて無着先生は、『ひと』八十五号の「新しい授業への招待」のなかで、「とくに、現代のひとりっ子や過保護に育てられた子どもの一般的傾向として、教師が全体にはなしをしているときは、自分にされているのだという意識をもたない子どもがふえている。そういうときは、名まえをよぶにかぎる」と書いておられます。これは、私たち母親が家庭のなかで子どもと対するときにも、とてもだいじなことではないか、と思いました。

さて、授業開始です。


「この『表札』という詩、まえに一度、きみたちに読んでやった記憶があります。その詩をやります。黒板に書きますから、ノートに写してください」

わたしが黒板に書き、子どもたちは一心に写す。頭を上げては下を向く動作が、まるで上《じよう》蔟《ぞく》しかかった蚕のようにみえた。わたしが一回、詩を読んだ。

「じゃ、書きおえた人、自分で声を出して読んでみてください。―みんなが読む―だれかに読んでもらいましょう」

生徒のひとりが朗読。終わると、拍手がわく。

「〝わたし、読みたい〟という人? あ、佐藤有子か。どうぞ!」

読みおえると、また拍手がわく。

「うーん。うまいねェ。もう一人だけ。あ、窪寺」

詩を朗読する。また拍手。

「よし、ちょっとひっかかったけど、はじめてだからしかたないよな」

そのとき、日高知央から声がかかる。

「〃焼場の鑵〃ってなに？」―どっと笑い声

「うーん。日高、キミはもう中身にはいってるネ。いま、まず朗読できるかどうかやってんだけど、じゃ、中身にはいろうか？ 柳俊成――手あげてるけど、なに？」

「ぼく、読みたい」

「よし。じゃ、もう一人だけ。いいネ、日高」

柳に読んでもらう。柳の朗読は、なかなかうまかった。

詩のまわりをまわりはじめる

「よし。じゃ、中身にはいろう。まず、この詩を読んで、〃うーん、なるほどなア〃と思った人いますか？ 何人かいますネ。えらい、えらい。姫野智華、どういうふうに、〃なるほどなア〃って思った？」

「名札というか、表札に、様とか殿とかついてはいけない。そういうのがついたときは、自分が自分でなくなってしまう。自分の精神の自由を守るためには、自分で表札をださなくっちゃいけないっていうんじゃないんですか」

ここまでいったら、男の子たち、日高だとか、福田だとか、田口実だとかは、「結婚式のとき、様がつくじゃないか。あれは悪いことかョー」とか、「レストランで食事を予約しておくと、〇〇様御予約席って、様がついているけど、あれは、いいことじゃないか」とか、わいわい、がやがやになってしまった。子どもたちは、完全に詩のなかにはいっている——というふうにはいえないけれども、詩のまわりをまわりはじめたとはいえる。

赤川は、「結婚式場やレストランは、寝泊まりする場所か。自分の住む場所か。この詩では、自分の住む場所の表札、寝泊まりする場所の名札っていってるんだぜ」ときりかえした。

上原哲哉は、「ああ、そうか。なるほど。自分の住むところって最初にいって、つぎは病院に入院したらっていうんだから、やっぱり寝泊まりするところだな。それから、旅館っていうんだから、やっぱり寝泊まりするところだな。そして、焼き場の鑵か。死ぬことだな」といった。そこでわたしが、

「上原、えらい！　そうなんだよ。そのとおりなんだ。自分の住んでいる家、病室、旅館、そして、焼き場の鑵というふうに、自分のからだを横たえるところにだな、様や殿がついたら、ろくなことはないと、この詩人はいってるんだ」と、そこまでいって、「日高、きみはさっき、〝鑵ってなんだ〟って質問したけど、もう焼き場の鑵って何であるかわかったろう」といったら、日高のやつ、

「へえ、この人、旅館に泊まっていて死んだのか！」

といった。それで、授業を参観していた全国の先生がたはもちろん、子どもたちまで全員、大爆笑。しばし、授業がとぎれる。日高は大きな目をぱちくりして、

「なんだ、ちがうのか？」

と、まだいっている。それで、わたしは、「いいか日高、よーく聞いてなさいよ」、そういって、もう一度、「表札」を読んでやる。

――
自分の住むところには
自分で表札を出すにかぎる。
――

「この第一連は、いいネ。自分が住むおうちだよ。そこの表札は、自分で表札をだすにかぎる、他人からだしてもらってはダメだ、といってるんだよ。いってることはわかるネ」みんな、「うん、わかる」とうなずく。しかし、これは、お父さんが自分の手で、ひょいと表札をかけている程度にわかっていることまで、「うん」にはいっているのだ。

それはそれとして。

他人が表札をかけるとは?

――
自分の寝泊りする場所に
他人がかけてくれる表札は
いつもろくなことはない。
――

「これは、わかるか? これは、まず、第一連と関連して考えてみなくちゃいけないネ。第一連では?」

「自分で表札をだせ」

「そうそう。で、第二連では」

「他人から、かけてもらうな」

「よおし、そのとおりだ。第一連でいったことを、第二連では、否定的な面からいっているんだネ。第一連は肯定的な面から。そして、第二連は否定的な面から。おなじことをいってるんだ、とわからなくっちゃいけないよ」

「先生」と、また上原が手をあげる。「なんだ」といったら、「ろくなことはない――って、なんなの」という。

「おまえ、さっきの発言で、わかっていると思ったよ」とわたしがいったら、また大笑い。

「よしよし。おまえ、正直でよろしい。わかっているようで、わかっていないことがたくさんあるんだよな。はい、だれか、《ろくなことはない》っていうの、わかるひと」

康予が手をあげる。

「あ、康予」

「いま、字引きひいたんだけど、この《ろくなことはない》っていうのの〝ろく〟は、一、二、三、四、五、六の〝ろく〟じゃなくて、武士がもらっている禄高の禄とか、陸と書くんだって。武士がもらっている禄なら、月給でしょ。月給をもらうことは、いいことでしょ。陸の字だったら、平野ということで、平、つまり、平和っていうことでしょ。だから、どちらにしても、〝ろく〟っていうの、いいことみたい。そのいいことが、ないと否定しているのだから、《ろくなことはない》っていうのは、〃どっちみちいいことはない〃っていう意味なんじゃない」といってくれた。

「よおし。えらい。よく調べてくれた。みんな、わかったネ。《ろくなことはない》っていうのは、〃いいことはない〃っていうんだって。わかったネ」

「うん。わかったけど……。でも、わかんないよ」

「なにがだ」

「他人がかけてくれるの、どうして悪いの。だれからかけてもらったって、おなじじゃないか」

「よし、よし。それなら、つぎにいくよ。だれからかけてもらったっておなじであるかどうか……」

わたしはそういって、第三連に移った。

病院へ入院したら
病室の名札には石垣りん様と
様が付いた。

「病院に入院すると、病室の外に名札がぶらさがるネ。あの名札のことだよ。あれには、様がついているネ。あれは、いいことないといってるんだよ」

「それはわかるよ。病気してんだろう。病気しているから入院してんだもんな。いいことないよ」

「それに、医者から、お金、ふんだくられるしな」―爆笑
「もし、病気が重かったら、身動きできないしな」

「入院させられたら、自由じゃないよ」

そこで、わたしはいった。

「そうそう。自由じゃないっていうこと。とてもたいせつ。入院しているようなからだでは、自由に身動きができない。そういうとき名札には様がつくんだ、といってるんだよ」

子どもたちは、すこしわかったような顔つきになってきた。

ひとの一生を旅にたとえて
「じゃ、つぎにいくよ」

旅館に泊っても
部屋の外に名前は出ないが
やがて焼場の鑵にはいると
とじた扉の上に
石垣りん殿と札が下がるだろう
そのとき私がこばめるか？

さっそく子どもたちから「質問、質問」とでる。

「なんで、ここに旅館が出てこなくちゃなんないの？」

「〝なんでここに旅館が出てこなくちゃなんないの〟だって。これはまたよい質問だ。《旅館に泊っても／部屋の外に名前は出ないが》。なんでここに旅館が出てくるの？」

「寝泊まりするところだから」

「そう、寝泊まりするところだから」

「よしよし。寝泊まりするところだからだネ。でも、どういうときに寝泊まりするんだい？」

「旅行のとき」

「そうです！—とても大きな声。子どもたち、どっと笑う—みんな笑ったけど、無着先生は、なぜ、そうです——と大きな声でいったかわかったひと」

「…………」

「つぎにいってごらん。《やがて焼場の鑵にはいると》といってるだろう。焼き場の鑵にはいるのは、いつ？」

「死んだとき」

「死ぬっていうのは、駅にたとえれば、どういうこと？」

「…………」

「電車は、そこまで行って、もうこのさきは行かないという駅」

「ああ、終着駅」

「ああ、そうか。焼き場の鑵って、人生の終着駅っていうことか」

「なーるほど、わかった。この人、人間の一生を旅行にたとえてるんだ」

「うん、そうだ。人生は旅だっていってるんだ」

「だから、焼き場の鑵っていうのは、人生の最後に、自分のからだを横たえる、最後の旅館なんだ」

「そうだ、そこで、別の乗りものに乗りかえて、天国へ行くっていうことなんだ」

と、いろいろでたところで、わたしがひきとって、「まあ、素どおりするところだから、旅館に泊まっても、名まえはでないが、と書いてあるんだよな」。そういったら、「名まえがでることもあるぜ」と、またいいだした。

「それはどういうとき?」

「団体のとき」「そう、団体のとき」

「まあ、そうだね。しかし、いまは、それはたいしたことではないんだ。ただ、名まえがでれば、どういうことになる?」

「部屋がきめられるし、自由がきかない」

「新婚旅行のとき、名まえがでたら、どういうことになる?」

女の子たちが、いっせいに「いやだー」という。みんな大笑い。

「先生！　団体ってなに?」

「バカ！　おまえ、いまごろ、へんなことききなよ。脱線させることに一生懸命になってるな、こいつ！―大笑い―おまえがそういうこといいだすと、詩と関係なくなって、授業がすすまなくなるよ」

「でも、団体って何人からか知りたかったんだもん」

「三十人からだ」

「そういってくれればいいんだよ」―大笑い

自分を主張できなくなるとき

「つまり、旅館は素どおりするところだから名まえはでないけど、もし団体旅行などのとき名まえがでたら、それはそれで自由がきかないということがある。新婚旅行のときなど名まえがでたら、目もあてられない。―笑い―そういうことがあって、名まえが他人によってもちだされるときは、ちっともいいことがない――といってるんだネ。じゃ、つぎにいくよ」

―― やがて焼場の鑵にはいると ――

「これは、だれでも、そうなるんだネ。大昔から、死ななかった人なんていないんだものネ。人間は死ぬということ――この法則には、例外がないのです。そして、人間が死んだとき、こうなる」

とじた扉の上に
石垣りん殿と札が下がるだろう
そのとき私がこばめるか?

「いいかい。殿がついたとき、〝私は殿なんかいらない〟っていえるのかっていってんだよ」

「いえない」

「そのことをなんていってる?」

「こばめるか」

「こばめるか……。〝こばむ〟って漢字で書ける人?」

「手ヘンに、キョ」

「どういうキョだ?」

「巨人のキョ」

「そうです。漢字で〝拒否〟っていうのをひいてごらん。なんていう意味だ?」

「イヤだといって受けつけないこと」

「この場合、殿をつけられるのがイヤだとやめさせられるか——といってんだね。だれが?」

「石垣りんが……」

「そうなんだけど、そのとき、石垣りんはどうなってんの?」

「死んでるの」

「だから、どうなの？」

「だから、死んだ人は拒めるかといってんだ」

「そうなんですよ。—笑い—それは、なんでいいことじゃないの？」

「………………」

「ちょっと質問がわかりにくかったネ。死んだ人は、いやだっていえるのかっていうことだネ」

「いえないにきまってんじゃないか。死んじまったんだもん」

と、ほとんどいっせいに発言する。

「そうなんだネ。死んでしまっては、自分で自分を自由にすることはできないんだね。石垣りんは、そのことをいってんだよ。石垣りん殿と、殿の名札がさがったら……」

「もうおしまい——ジ・エンド」—爆笑
「そう。もう、おしまいだ。つまり、自己主張ができなくなってしまう。自分で自分のことが何もできなくなってしまう。自由がなくなってしまう。そういうことをいっているんだネェ。そして、それは……？」

「うん、わかった。それは、悪いことだ。本人にとって、決定的に悪いことだ。そういうことなんだ。わかった、わかった」

「本人にとって、これ以上、悲しいことはないんですよっていうんだね」

「そうだ、そうだ。自由がなくなるんだ。身動きができなくなるんだ。〃様〃や〃殿〃がついたときには、〃オレには殿なんかつけなくてもいいんだ〃って……？」

「拒否することができなくなる」

「うん、そうだ。拒否の意志をはっきりさせることは、自分を出すことでしょう？　自分を出すことをなんていう？」

「自己主張！」

「そうだ。自己主張だ。いま、上原がいったこと――上原、おまえ、サエてるよ、きょう。

―〈自己主張〉と板書する―自己主張ができなくなると、本人の意志などは？」

「無視される」

「そう、無視されてしまう。つまり、自分の名まえに様や殿がつくときは、その本人の意志が無視されるっていうことだね。それくらい人間にとって悲しいことはないんだ――といってるんだネ。じゃ、つぎにいくよ」

「表札」の意味するものは

様も
殿も
付いてはいけない、

「いいか。第一連は、自分で表札をだせといってるんだね。第二連は、他人からだしてもらうなといってるんだね。他人からだしてもらった表札や名札には、様や殿がつく。様や殿がつくと、自分が他人から固定されてしまって、自由がきかなくなる。自分がまるで、他人によって粘土のようにかってにいじくりまわされてくる。だから、様や殿がついてはいけないといってるんだ。つまり、この五連は、二連でいっていることの、なんだ?」

こう問いかけると、日高が、

「まあ、結論みたいなもんだな」

といってくれた。

「いいか。みんな」

みんなは「うん」とうなずく。

「それじゃ、第六連にいくぞ」

——

　自分の住む所には
　自分の手で表札をかけるに限る。

——

「これは?」

「第一連のくりかえし」

「そうだ、第一連のくりかえしだネ。だから……」

「主題のくりかえし」

「工夫してんだネェ」

「うん、そうだ。工夫してんの。第一連めをもう一回くりかえしてる。この人はなにを書きたかったのかな。なにを言いたいんですか？　康予、第一連めを、第六連めでくりかえすということは、どういう意味をもってるんでしょうか？」

「はじめに言ったことを強調してんの。このひと、自分の住むところは、自分で表札をだすにかぎるっていうこと、それだけをいいたいんだっていうこと、それが、このくりかえしでわかる」

「いいか、それで。はじめに言ったことを、〝どうだ、そうだろう〟って、もう一回いってるんです。わかる？　そういう組み立てになってるんですよ。じゃ、最後の、第七連にいくぞ」

精神の在り場所も
ハタから表札をかけられてはならない
石垣りん
それでよい。

「もう、これは、わかるだろう。石垣りんは門の柱にぶらさがっている〝表札〟や、病院の柱にかけてある〝名札〟ということをいってきたけど、それは、たとえば——のはなしだったんだネ。ほんとうは、最後の、この四行をいいたかったんだネェ。それが、わかるかど

うか、ちょっと聞いてみるぞ。《精神の在り場所》ってなんだ?」

「あの人は、こう思っているんではないかとか……」

「あの人の思想はこうだとか……」

「石垣りんは、こう考えているにちがいないとか」

「そうだ。そういうことを自分はまだ何もいっていないのに、他人から表札をかけられると……?」

「ああ、そうか。他人から、あいつは、こういう人間だ、というふうにレッテルをはられてはならないっていうことか」

「そうだ」

「そんなら、わかった」

「そうか、わかったか。そんなら、《自分の住む所には/自分の手で表札をかけるに限る》っていうのはどういうことだ?」

「オレは、オレだっていうこと」

「そうだね」

「オレは、こうするって、自分できめること」

「それもいい。それから?」

「他人から、ああしろ、こうしろと命令されてやることはダメなもんだ。自分で、オレは、こうするって、決心してやることがいちばん正しいんだ……ということじゃない?」

「よおし、よおし。上原のいうとおりだ。上原、えらい。そういうことをいってんだ。それを……」

石垣りん
それでよい。

「なにも、様とか、殿とか、そんな尊称はいらない。『オレは、オレだ』といってるんだ。こういうのを、精神の自立した人間、精神の自由な人間というんだ。よし。きょうの授業は、これでおしまい」

ものすごい拍手がわく。

「きょうは感想文を書く時間がないから、四百字一枚でいいから、きょうの授業の感想を書いてきてくれ」

そういって終わりにした。

この記録をとってくれた上野さんは、つぎのように書いてくれていた。


子どもたちの心のなかに、この詩の主題を印象づけていく過程。そして、最後に、授業のなかで展開してきたすべての伏線を生かして、「自分は自分である、自分はここにある」と、自己の存在を強烈に意識させたところで、「よし、おしまい」と、よけいなことはいっさいいわずに終わる。

その終わりかたのあざやかさが、私にはとても印象的でした。子どもたちに、自分自身の力で、そのときの心のありようをみつめさせることがほんとうに詩を読む、ということなのだ、と私はあらためて教えられた思いでした。

自分は自分である

子どもたちの感想文から

子どもたちの感想文である。まず、授業中に活躍してくれた上原哲哉は——。

●…………上原哲哉……七年

この詩は、ちょっとむずかしかった。「表札」というから、家の門のところにぶらさげてある、あの表札だなと思った。けれども、勉強してみたら、あの表札のことで、ほんとうはべつのことをいっていたのだ。べつのこと——というのは、他人から、ああしろ、こうしろといわれてやることはだめで、自分で、こうすると決心してやらなくてはだめだということだ。

自分は自分であって、けっして、ほかのだれともちがうのだということだ。だから、自分というものを守るために、自分で何をやるかきめなくてはいけないということを学んだ。

●………福田淳……七年

ぼくは、この詩がすきになった。いい詩だと思う。自分の名前をよくするのも、ダメにするのも、自分の決心ひとつだと思った。親や先生から、勉強しろ、勉強しろといわれてするような勉強はダメで、自分で、オレは勉強するぞ!! ってきめてやるのでなくてはだめなんだということが、この詩を勉強してよくわかった。

もう、中学生だもんな。オレ、やるぜ、先生!!

●………橋本想……七年

この詩では、表札は自分の手でかけるにかぎる、といっている。表札とは「オレはここにいるぞ」とさししめすものだ。自分を表わす名札だといっている。

自分の寝泊まりするところに他人がかけるとろくなことはない、様や殿もついてはいけない、といっているが、ぼくは様や殿がついてもべつにいいと思う。他人にとやかくいわれても、自分自身がしっかりしていればそれでいいと思う。

この詩では、他人の意見で自分が左右され、自分自身を見失ってしまわないためにも表札は自分でかけろといっている。なるほどな。ぼくもそう思う。

最後に、表札とは自分自身の存在、自分はどんな人物かなどを正確に他人につたえる大事なものなんだなあということがわかった。あまり授業の時間がなかったので、これくらいしかわからなかった。残念。

●………加藤友子……七年

私は、無着先生がこの詩を教えてくれた日、ちょうど休んでしまったので、くわしい意味なんかはよくわからないけど、だいたい、〃自分の住むところには自分で表札を出すにかぎる〃というのがこの詩の主題で、全体をつらぬいているみたいだ。そして、《自分の寝泊りする場所に／他人がかけてくれる表札は／いつもろくなことはない》と二連目で作者は言って、三、四連では、その例をあげている。それから、五連で《様も／殿も／付いてはいけない》と結論をのべているみたいだ。そして、この作者が言いたいのは、自分のことはすべて自分が責任をもってやり、他人にまかせたりしたらいけない、ということではないかな、とぼんやりとだけど、わかってきた。最後に一言、私は、この詩の授業が受けられなくて、じつにそんした!!

●……窪寺詠子……七年

私にとって、「表札」の詩は、とってもむずかしかった。

今まで、自分の家の表札について考えたことがなかった。でも、よく考えてみたら、表札がとてもだいじに思えてきた。なぜかと言うと、もし、私の名前がしらない人にかってにつかわれたりしたら、たいへんなことになる。

この詩のなかで、いちばんむずかしいと思ったのは、

《精神の在り場所も／ハタから表札をかけられてはならない》

というところだ。精神の意味がわからないから、これがわかれば、この詩の意味がわかるんじゃないかと思ったので、じしょをひいてみたら、「心」となっていた。この詩の意味は、人のさしずにのらない、自分の思っていることをつらぬきとおす、人とちがうことを思っているのに、人と同じにする、つまり、その人に表札をかけられていることになる、という意味だと思う。むずかしい詩だった。

●……竹中里加……七年

わたしははじめ「表札」を読んだら、すぐ、この詩は、自分は自分でいいって、そうしないとろくなことはないと、ほんとうに言っている気がした。たとえば、病院で部屋の外にはられるときは、病気をしていてよくないし、お金もたくさんとられる。また、旅館へはいってもお金をとられるし、もしも、焼き場にはいって殿とつけられるのは死んでいることで、いやだ。殿とつけないで、といってもつけられてしまういやさを、石垣りんは短い詩にまとめていると思う。とくに、ちがうことばで前と後ろで強調し、びしっと決めているのはすごいと思う。自分は自分だ——ということがしみじみと伝わってきたような気がした。それから、今までこんなことを、考えたことのないわたしにとっては、とても考えさせられ、気がつかなかった自分をとてもはずかしく思う。そう、わたしの心にのこった、

《様も／殿も／付いてはいけない、／石垣りん／それでよい。》

このことばを深くかみしめていこう。

自由な精神の持ち主になってほしい

授業参観者の感想文から

この授業を参観してくれた人が、つぎのような感想文をPTAの会報に寄せてくれた。それを引用して終わりたい。


遠山啓先生の告別式の日、明星学園生徒のみなさんによる力のこもった合唱を聞いて、深い感動に胸を打たれました。

どんな授業のなかから、あの心に深く刻みこまれるようなすばらしい合唱が生まれるのか知りたいという思いで、公開研究会に今度はじめて参加させていただきました。

一日目は、あいにくの空模様でしたが、期待に満ちて、まず二年生の音楽の授業を参観。ここでは明日に予定された全体会の合唱練習に、どの顔もどの顔も明るくのびのびと取り組んでいる様子が見られました。授業中、小休止のあとでピアノが鳴りはじめると、それまで身体を動かしたり、となり同士おしゃべりをしたりしていたのがピタッとやみ、そのみごとな集中力に、まず驚かされました。曲にあわせて感情をこめ、大きな口をあけ、力いっぱい声を張りあげて歌うその表情の真剣さ、身体全体で歌を表現している姿、そこには一人一人の個性がくっきりとあらわれ、しかも、一つにまとまった集団があるように見受けられました。

二時間目は、無着先生の国語の授業を見学いたしました。廊下にまであふれた人だかりに圧倒されながら、なんとか教室にはいり、ときどき背のびをしながらの参観でした。石垣りんの「表札」という詩を取りあげての授業は、軽い冗談のやりとりで始まって、参観者の人垣に囲まれ、緊張ぎみの生徒の心をさりげなく解きほぐしながら、ゆるやかに詩の世界にはいっていきました。そこでは、教える者と教えられる者とのへだたりはなく、ともに学びあうという一体感のなかで、生徒の発想をたくみに引き出し、楽しい授業が展開されます。途中、主題からはずれかけた発言も、すべて詩の流れに乗せながら、しだいに精神の自由にふれ、自己の精神の存在というところにまで高めて授業は終わりました。参観しながら、知らず知らずのうちに詩のイメージの世界にのめりこんでしまい、いつのまにか五十分が過ぎていました。

もう少し時間があれば、「自由な精神をもち、自分の人生を生きる」という主題に焦点をあて、さらに深い想像の世界に踏みいることができたであろうと思い、授業の続きを見せていただきたい気がします。

全体会の日、前日からの雨もしだいにやんで、天気は急速に回復し、明るい光が体育館のガラス越しにさしこむころ、校長先生のお話にはじまって、朗読と合唱がつぎつぎに発表されました。いま、私の手もとには、いくつものアンダーラインが引かれたプログラムが残っています。一人の朗読があり、一つの合唱が終わるごとに、その余韻をあたためるまをも惜しむかのように拍手が鳴り響き、午後の民舞をはさんで最後に聞いた合唱は、感動に目がしらの熱くなる思いでした。とくに八、九年生による合唱「沖縄」は、遠山先生の告別式以来、ぜひもう一度、聞きたいと思い続けていたものでした。

雨あがりの校庭でくりひろげられた民舞を踊る子どもたちの、あの身体の動きもみごとでした。頭から手足のさきまで力のこもった生きた踊りがそこにはありました。校庭の四方から、かけ声も勇ましく櫓を漕ぎすすむソーラン節の足取りのたしかさは、そのまま人生の荒波に立ち向かう自信に満ちた姿でした。

この二日間の授業展開と表現活動をとおして私が受け止めたものは、子どもたち一人一人の学ぶ意欲、表現する喜びの結集であり、生きることの感動であったことに、ようやく思いあたるのです。

一人一人の子どもが胸を張って、一歩一歩、自分の足でみずからの道を切りひらき、さらに自由な精神の持ち主になってくれることを、一人の親として願ってやみません。そんな親の願いが、明星学園の教育には生きていると思いました。

後日、授業にとりくんだ子どもたちが、

「表札
石垣りん
それでよい」

と大声で朗読しながら、廊下を歩いていた。

詩華集——ことばの貯蔵庫

子どもたちの「詩華集」の第一ページには、かならず、
つぎのようなことばが書かれている。「一時間一時間を大切にすること。先生や友だちの発言に耳を傾けること。よく考えること……」。さらに、一つ一つの詩が書き写され、さまざまな書き込みがされている。
“無着語録”が記されているノートもある。「花の美しさに序列はない」「責任は問うものではない、とるものである」「詩や文学を勉強するのは、自分自身と対面することである」……

「自分の名前」の詩の授業〈六年生・1981年10月〉

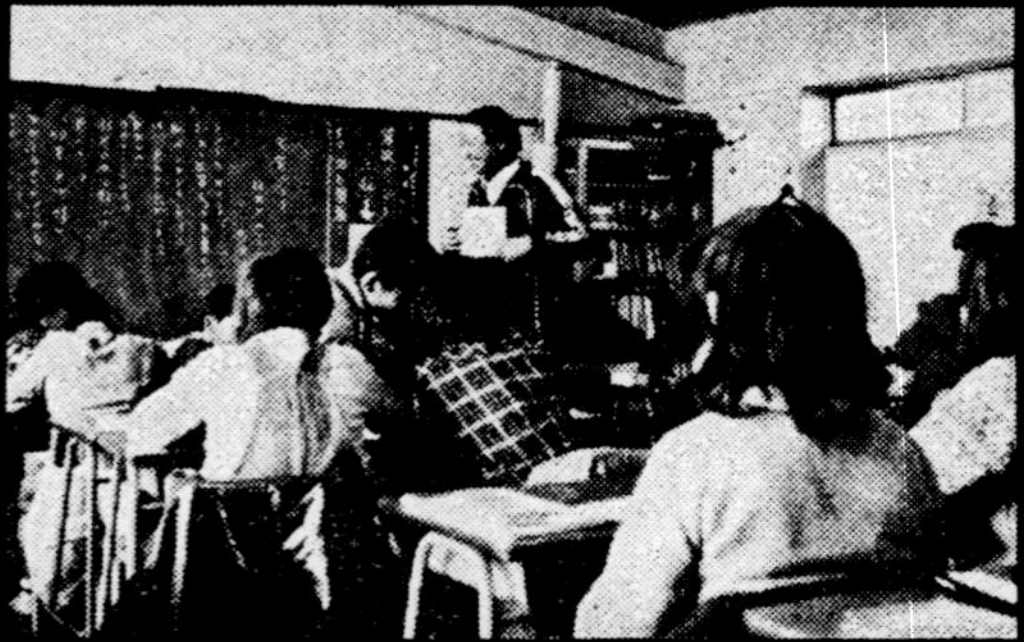

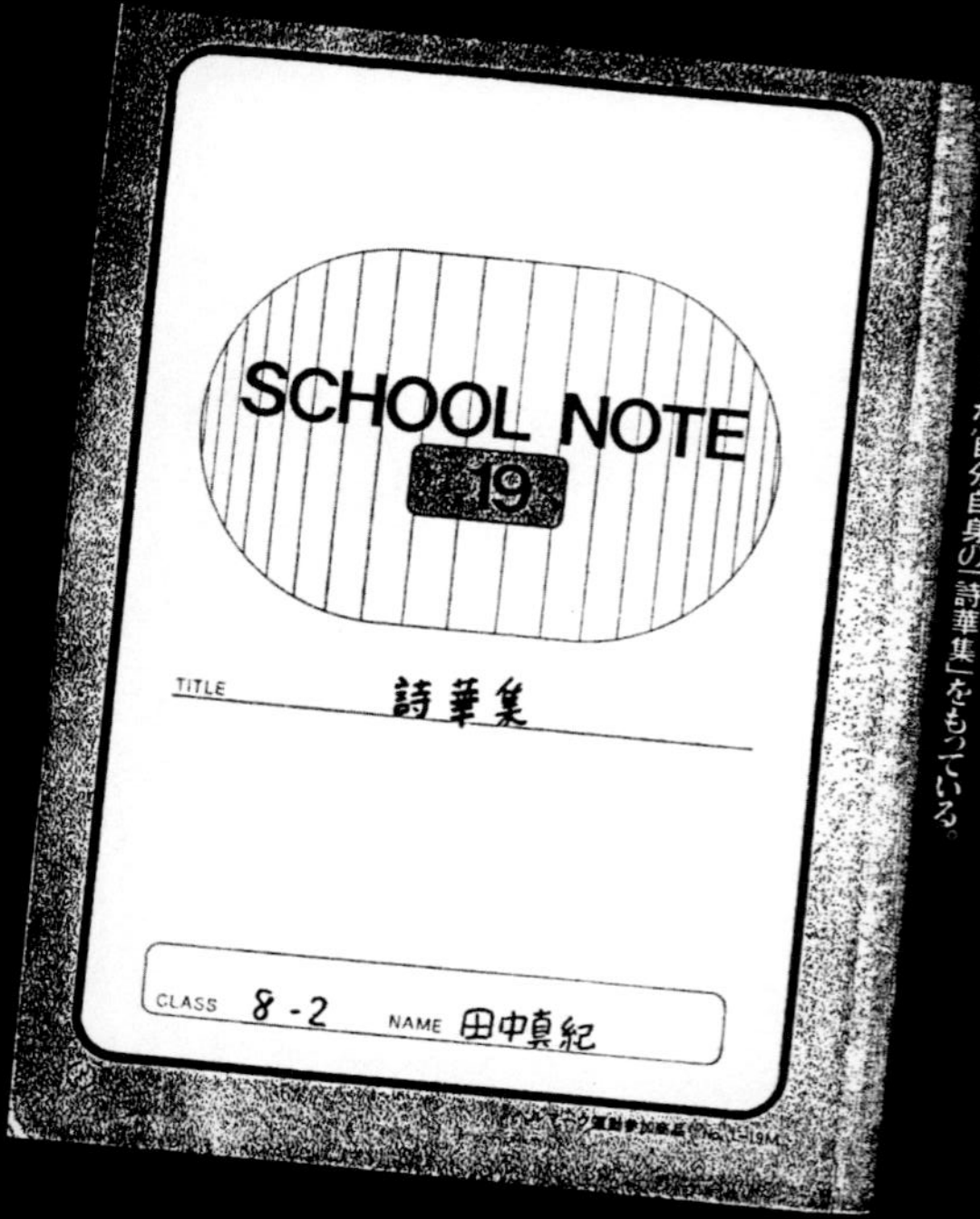

子どもたちひとりひとりが、自分自身の「詩華集」をもっている。

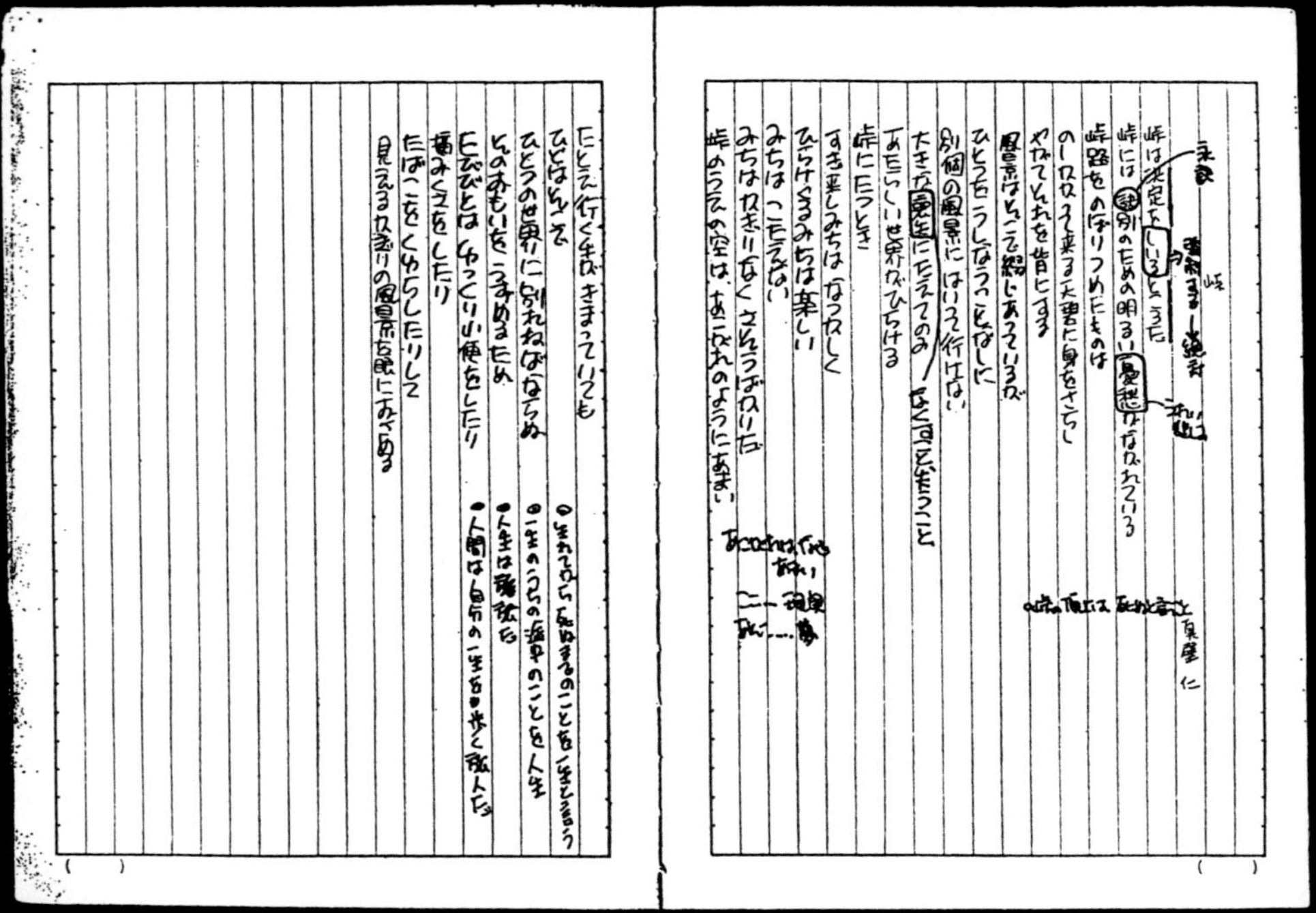

峠は決定をしいるところだ
峠には訣別のための明るい憂愁がながれている
峠路をのぼりつめたものは
のしかかって来る天碧に身をさらし
やがてそれを背にする
風景はそこで綴じあっているが
ひとつをうしなうことなしに
別個の風景にはいって行けない
大きな喪失にたえてのみ
あたらしい世界がひらける
峠にたつとき
すぎ来しみちはなつかしく
ひらけくるみちは楽しい
みちはこたえない
みちはかぎりなくさそうばかりだ
峠のうえの空は、あこがれのようにあまい

たとえ行く手がきまっていても
ひとはそこで
ひとつの世界に別れねばならぬ
そのおもいをうずめるため
たびびとはゆっくり小便をしたり
摘みくさをしたり
たばこをくゆらしたりして
見えるかぎりの風景を眼におさめる

真壁 仁「峠」〈稲垣茂美さんの詩華集〉

中原中也「月夜の浜辺」と小野十三郎「山頂から」〈宇寺詠子さんの詩華集〉

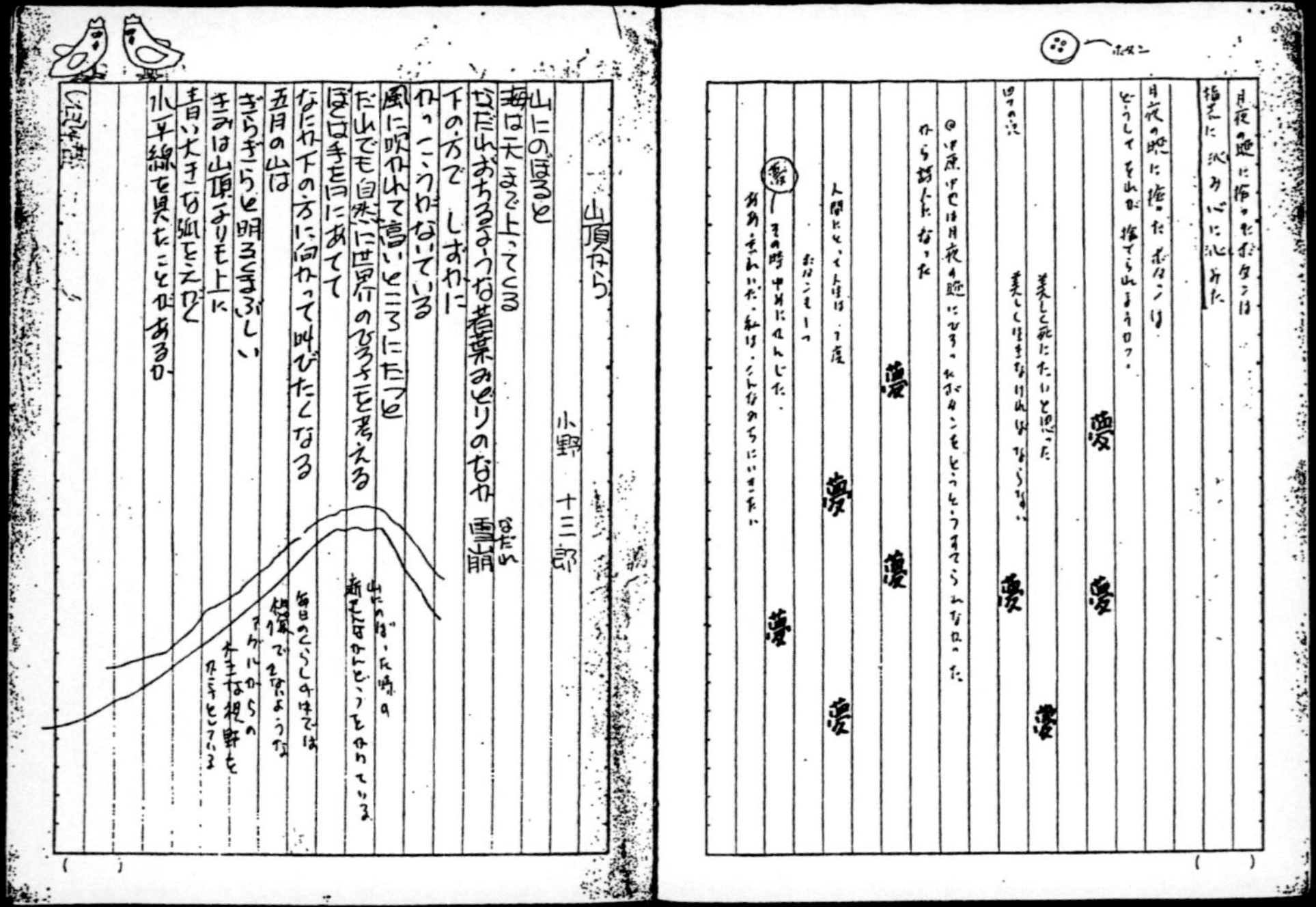

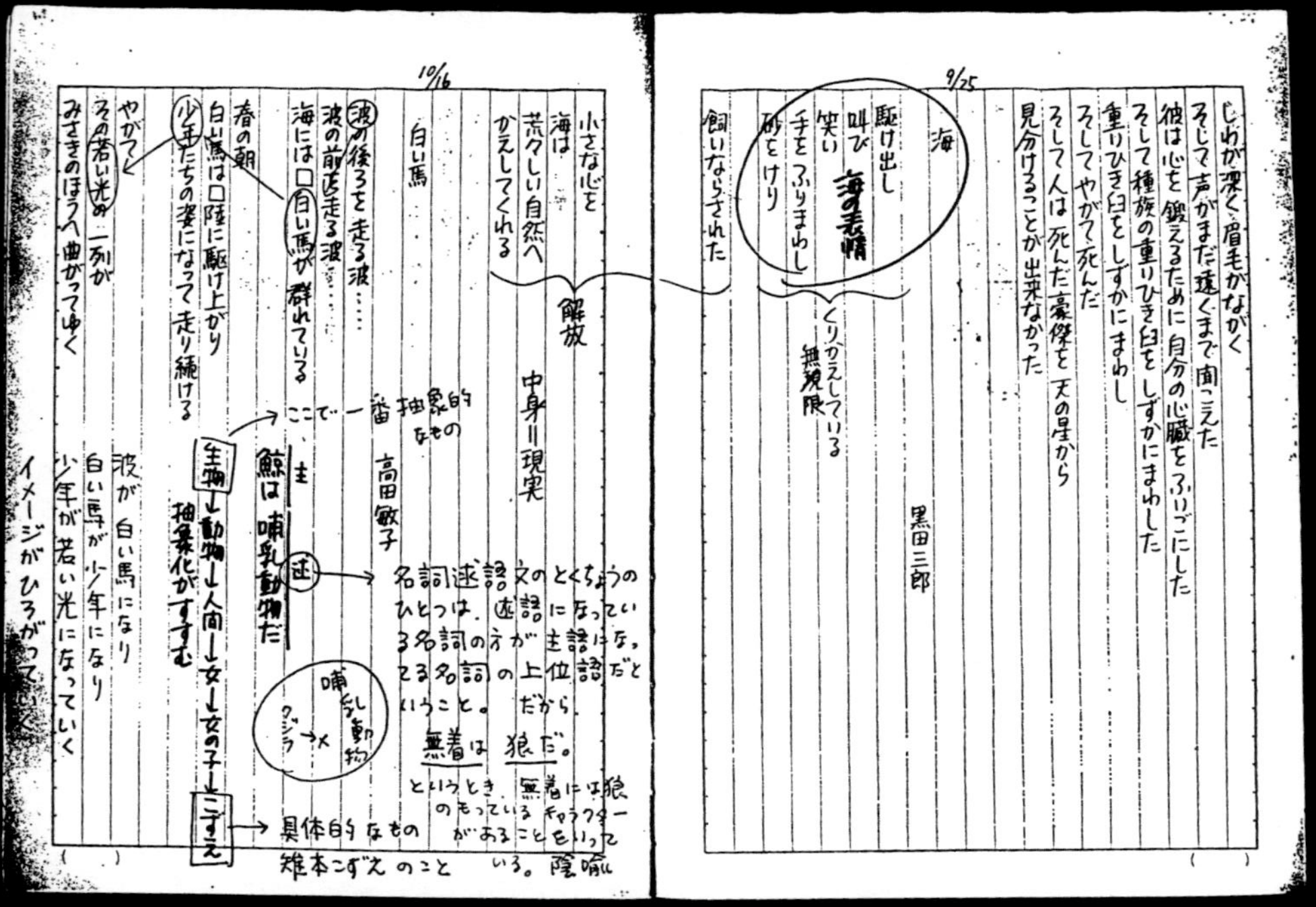

黒田三郎「海」と高田敏子「白い馬」〈佐藤有子さんの詩華集〉

挑みへの出立

峠……真壁仁

峠……………真壁仁

峠は決定をしいるところだ。
峠には訣別のためのあかるい憂愁がながれている。
峠路をのぼりつめたものは
のしかかってくる天碧に身をさらし
やがてそれを背にする。
風景はそこで綴じあっているが
ひとつをうしなうことなしに
別個の風景にはいってゆけない。
大きな喪失にたえてのみ
あたらしい世界がひらける。
峠にたつとき
すぎ来しみちはなつかしく

ひらけくるみちはたのしい。
みちはこたえない。
みちはかぎりなくさそうばかりだ。
峠のうえの空はあこがれのようにあまい。
たとえ行手がきまっていても
ひとはそこで
ひとつの世界にわかれねばならぬ。
そのおもいをうずめるため
たびびとはゆっくり小便をしたり
摘みくさをしたり
たばこをくゆらしたりして
見えるかぎりの風景を眼におさめる。

【まかべ・じん】……一九〇七年生まれ。『日本の湿った風土について』(一九五八年)のなかの一編。山形市に住み、第一詩集『街の百姓』以来、東北の風土・農村に密着した詩作を発表する。

無心になってから授業にのぞむ

「峠」を授業でやりたい

この詩は、わたしの好きな詩のうちのひとつである。それで、この子どもたちが入学したばかりの、七年生の最初にとりあつかったものだ。

とりあつかったといっても、わたしは国語の時間に文学の授業のひとつとして、この詩をきちんととりあげたということではない。欠勤した教師の補教時間などを積極的にいただいて、子どもたちに詩のアンソロジー(選集)をつくらせたのである。いわば、子どもたち全員に自分の好きな詩を集めるためのノート「詩華集」をつくらせ、そのいちばん最初に、この「峠」を写させたということなのである。だから、〝とりあつかった〟といういい方はまちがいで、わたしがこの詩を黒板に書き、それを子どもたちに写させただけというのがほんとうのところだ。もちろん、朗読もしてやり、この詩の意味もすこしは話してやった。けれども、子どもたちは、この詩を自分のものとして受けとらなかったように思う。

それで、いつか機会があったら、もういちど、この「峠」をとりあつかってみたいと思っていた。そのチャンスをねらっていた。それは十一月の公開授業のころがいい。二学期も、あと残すこと一か月だし、目のまえに〝卒業〟という〝峠〟もひかえていることだし。山道の峠にシンボルされている人生の峠。そのことをこの詩から読みとって、子どもたちのひとりひとりがかけがえのない自分というものをしっかり見つめてくれたら、わたしはうれしい。この「峠」の授業を、もういちどしたい！

詩の発見

わたしは、ひそかに胸のなかでそう思っていた。だから、この詩の授業が終わったあと書いてもらった「『峠』を勉強して」という感想文のなかに、つぎのようなものを発見したとき、正直、わたしは〝やってよかった！〟と思った。

「峠」を勉強して…………山口理恵……九年

ずっとまえに、先生からサラッとこの詩をならっていたので、今回はじめて読んだときも、あるていどわかっているつもりでいたと思います。でも、今回くわしく勉強してみて、〝なるほど〟と思いました。この詩は〝峠〟というものを、ほんの二十四行でずばりとかいていると思います。それに、この短い詩のなかで、これより何倍も何倍もの深い意味がうたわれていることと、それを読みとれるということがとてもすばらしいものに感じられました。

そこには一つの峠と二つの風景、広大な青空、そして、あかるい憂愁があるのです。登っているときは、見たり感じたりできるのは峠をはさんで自分がいるほうだけです。向こう側は見たこともない未知の世界。それでもどんどん登りつめる。登りつめれば、もう、そこが峠。峠には、これから進んでいく道への希望や期待のかたまりと、いままで登ってきた道をなつかしむ憂い、悲しみがあるのです。

その峠の表現はとてもすばらしいと思います。でも、私は、

《ひとつをうしなうことなしに
別個の風景にはいってゆけない。
大きな喪失にたえてのみ
あたらしい世界がひらける。》

というところと、

《みちはこたえない。
みちはかぎりなくさそうばかりだ。》

というところと、

《見えるかぎりの風景を眼におさめる。》

というところがもっとも好きなところであり、共感も感じさせられるところです。いくらなつかしい過去のことでも、しがみついていては、あ

たらしい世界にはいれないということが、そういうふうにいわれると、やっぱり"いいな"と思います。

つぎの「みちはこたえない」――これからはべつの世界、未知の国へいく。ちょっとおおげさにいえば、それへの恐怖感と希望、期待がある。道なら、これから起こることがわかるんじゃないかと考え、たずねてみる。――でも、みちは、ただささうばかり。――自分の正直な不安や期待なんかを、この文章であらわしているんじゃないかと私は思います。あと、最後の部分。いままで峠へいくまでのなつかしい風景をうたってきて、もう、その風景と別れなくてはならない直前にいる。最後にできるだけ心にせまってくる文章で、この詩が終わっているような気がします。

私は、この詩は"絶対だ"と思いました。この詩人の人生観のようなものが絶対なのか、"なつかしい風景"への愛着が絶対なのか、自分でもはっきりしませんが、私は、この詩を勉強してから、なぜか、そういう気がするのです。

私は、この詩を勉強して、文学というのは参考書じゃだめだと思いました。ほんとうにそういう気持ちで読まないと、まったく感動もできないと思います。私が国語の勉強で詩を読んでいたら、ただただ主題のつかみにくさに驚いている程度でしかないと思うのです。私は詩がこんなに

——おもしろいと思ったことがありません。これから、もっと多くの詩を読んでみたいと思いました。——

山口理恵が、「私は詩がこんなにおもしろいと思ったことがありません。これから、もっと多くの詩を読んでみたいと思いました」と書いてくれたこと、それだけでも、この詩を授業で、もういちどとりあげたかいがあったと思った。ここには、この子どものウソ・イツワリのないこころがある。

「峠」の授業プラン

それはそれとして、授業にはいるまえ、わたしは、「峠」を教材として授業をくみたてるためにいろいろ考えた。この詩は一連二十四行で組みたてられている。このような連がわかれていない詩の場合は、視点のちがいで構造をいくつかの方法で分析できるにちがいない。たとえば、句点ごとにとか。それで、わたしはつぎのように分析した。

①——最初の一行《峠は決定をしいるところだ》で、峠というものの主題をあきらかにしている。

②——二行めから十行めまでは、主題をうけて、峠とはどういうところかをいっている。峠は、空間的にはこちら側とあちら側との接点であると同時に、時間的には過去と未来と

の接点である。感情的には迎える喜びと別れる悲しみとの接点でもある。
③――だから、人は、峠にたったとき、いままで歩いてきた道をふりかえり、これからひらけてくる道に胸をはずませる。②の部分を展開し、感情をひろげているのが十一行めから十六行めまで。
④――そして、しめくくりが十七行めから最後まで。古い世界と別れ、新しい世界へ出発するため、人は峠のうえでゆっくりと準備をする。つぎへの行動を予感させながら主題を発展的にしめくくっている。
ここまで読んできて、一行めの〃決定〃の意味がひとつの決意として明確になる。つまり、峠の上でいくかもどるかを迷うところではないことを。

また、指導上の留意点として、つぎのことを考えた。

①――作品がどのような問題意識のもとに描かれているか。
②――人物や情景がどのような視点からとらえられ、構成されているか。
③――心情――思想や感情はどの描写のなかに、どのようなことばで表現されているか。
④――題名にはどんな意味がこめられているか。

①は冒頭の第一行めにかなり明確なかたちで提示されている。それが④の題名と呼応して、この作品全体の姿勢なり、方向性なりを決定している。この断定的なひびきをもつでだし

が、この作品の重みをささえているといってよい。そのことを手がかりにして〃決定〃の内容や〃峠〃の意味を追究することが、この作品の思想や感情の把握につながるのであると考える。したがって、この詩を授業でとりあつかうときは、つぎのことがだいじだ。

①——詩の表現にそくしながら、子どもたちののびのびとした想像力をひきだすこと。
②——この詩の〃峠〃は山道を登りつめたところだが、同時に、人生におけるひとつの転機をも意味していること。
③——作者は山道の峠に人生の峠をかさねて見ていること。
④——新しい世界にすすんでいくためには、なつかしい過去と別れねばならないという峠の現実をきびしく見つめていること。
⑤——それは悲しいことだが、しかし、これからひらけてくる道に希望をもち、可能性を信じて、きっぱりと古い世界に別れをつげ、出発しようとしている。足どりはゆっくりと、しかし、確実に一歩一歩を。

こんなふうに、いつも授業にはいるまえはいろいろ考えるのだが、それをだんだん煮つめていく。まず、第一行めに《峠は決定をしいるところだ》と主題が提示され、それを、《峠路をのぼりつめたものは／ひとつをうしなうことなしに／別個の風景に はいって ゆけない》と具象的に受けている。これは、峠とは過去と未来との接点であるということを具象的に提示していることだとか、《峠にたつとき／すぎ来《こ》しみちはなつかしく／ひらけくるみちはたのしい》というところは、主題を情緒的に展開したところだとか、だから、この詩は、端的にいえば、主題の提示―主題の具象的提示―主題の情緒的提示――という三つの部分でできているんだというぐあいに煮つめていって、そして、それも忘れて授業にはいる。

つまり、わたしの場合は、授業するまではいろいろ考えるが、いろんな考えが頭のなかにあるうちに授業をすると、成功しない。頭のなかがすっからかんになってから授業することにしている。古人の「稽古は平生にあり、事に臨んで無心たるべし」という、あのことばだ。

それで、「峠」を教えるときも一か月ぐらいまえから、ああでもない、こうでもないと考えて、煮つまってきて、ついにからっぽになった。いつでも授業にはいれる態勢になっていた。そこに、ふってわいたようなハプニングがおこった。九年四組、大友学級の子どもたちのさわぎである。

五分間の授業

教室はハチの巣

一九七八年十月十日の運動会。十月二十九日の合唱祭。十一月十一、十二日の公開研究会。こんなふうに大きな行事がたてつづけにあって、それに全校がとりくんでいた。とりわけ卒業学年は、それぞれ実行委員をだして、どれも自分たちの手で成功させようと意気ごんでいた。そんなときの十月二十八日、合唱祭の前日。大友学級の子どもたちが騒ぎだしたのである。

理由は「大友先生は、自分たちの担任なのに、ほかのクラスの合唱ばかりめんどうをみて、自分のクラスのめんどうをいちどもみてくれない」ということであった。いまからの授業をぜんぶつぶして、自分たちでクラス合唱の練習をしよう――というようなことで、教室がハチの巣をつついたようになっていた。黙っていたら、群集心理がどこへ向かうかわからない状態だった。その時間がわたしの授業だった。

わたしが教室にはいっていったとき、四組の生徒は全員総だちだった。だれひとりとして椅子にすわっている者がいない。中心に田上麦文がいて、なにかを訴えていた。訴えていることを聞いていたら、右のような理由だった。それで、無着先生の授業時間をつぶしてしまおう――というおおかたの意見に対して、五、六人の子どもがつぶすのは反対だ――といっているのだった。

わたしが、「田上、田上。麦文!」と呼んだら、麦文は、

「先生、ちょっと待って、ちょっと待って」

といって、発言のチャンスをあたえない。それで、わたしはすこし大きい声をだして、

「この時間は、みんなにあげる!」

となった。そしたら、シーンとなった。

「だから、心ゆくまで合唱の練習をしてくれ。しかし、わたしの授業をどうしても受けたいという人が目黒君ほか五、六人いるようだ。だから、五分間だけ授業する。みんな自分の席についていてくれ」

ゆっくり暗誦する

そしたら、みんな、さあっと自分の席に着いて、静かにわたしを見守っている。わたしはま正面にたって、みんなに目をつむってもらった。それから「峠、真壁仁」と暗誦しはじめた。

「峠は　決定を　しいる　ところだ」

ひとことひとことと、かみしめるようにゆっくり暗誦した。目をつむっている子どもたちはひとことひとことにうなずくのがよくわかった。

「見えるかぎりの風景を　眼におさめる」

わたしは最後まで暗誦して目をあけた。子どもたちは全員、わたしの声に耳を傾けている。頭のなかは、自分の経験した峠でいっぱいなのであろう。

「峠。きみたちは知っているネ。自分が登ったことのあるどの峠を想像してもいい。小仏峠・和田峠・明王峠・景信の峠・大菩薩峠。どれでもいいよ。そういう峠だ。そこには《訣別のためのあかるい憂愁がながれている》んだ。ひとつひとつのことばの意味を、いまやっている暇がないから、かんたんにいうけど、いままで登ってきたネ、登ってきた風景があったネ、その風景と別れて、新しい風景にはいっていくところが峠だといってるんだ。だから、かなしいんだ。でも、うれしいんだ。それに、ちょっぴり不安なんだ。そんな感情が流れているというんだネ」

みんな、「うん」「うん」とうなずいている。

「《風景はそこで綴《と》じあっているが／ひとつをうしなうことなしに／別個の風景にはいってゆけない》。わかるネ。みんな。みんなにとって運動会がひとつの峠だった。そして、あすの合唱祭が、また峠だ。だから、いまは、合唱祭という山に登りはじめて八合目まできたところだ。こんなところで挫折していいか。こんなところから、もとの谷底へころげおちていいか。わかるネ。合唱祭という峠を断固として成功させなくちゃならないんだ。すると、そのさきに公開研究会という峠が待ってるんだ。それが成功すれば、沖縄旅行という峠。そして、ずっとさきだが、卒業式という峠があるんだ。峠にのぼりつめてこそ、《すぎ来しみちはなつかしく／ひらけくるみちはたのしい》のだ。それは、峠に登ったひとだけが味わえる感情なのだ。

さあ、みんな。元気をだして、合唱祭という峠をのりこえてくれ。合唱祭という峠のてっぺんで《見えるかぎりの風景を眼におさめ》てくれ。わたしの授業はこれでおしまい」

そういって、わたしは教室をでてきたのだった。

忘れえぬ宝物

そのあとのことは、子どもたちの感想文に代弁してもらおう。まず、氏家ゆきさんと川田典子さんの感想から。

「峠」の詩を学んで……………氏家ゆき……九年

とつぜん書けといわれても、なにかとまどっちゃうけど……私の思ったとおりのことを書きます。

この詩をはじめて知ったのは、四組が合唱祭のことでもめているときでした。あのとき、無着先生が「五分間だけ勉強をやるから、目をつむれ！」といいました。私は、いったい五分間でなにをやるのだろう？それも、目をつむるなんて？　と、とっても不思議でした。しんと静まってから、無着先生がなにかどうどうとした声で、この詩を読みはじめました。

そのときの気持ちは、ことばではあらわせません。そして、とってもうれしかったのです。「峠」という詩が、あまりにもいまの私たちにぴったりだったので、まるで私たちのためにつくられたみたい（ちょっとオーバーかなー）。でも、ほんとうにそういう気がしたんです。

そして、無着先生がでていったあと、泣きながら「フィーリング」を歌いました。ほんとうに涙があふれてきて、途中で歌が歌えなくなるほど泣きました。でも、ちゃんと最後まで歌いました。いや、歌わなくちゃいけないと思ったのです。歌いおわって、私は思いました。〝九年四組は、みんな仲間なんだ。ひとつなんだ〟って、心から、そう思いました。もう、うれしくってうれしくって、なにがなんだかわかりませんでした。みんながひとつの仲間になれたのは、もちろん、私たちが努力したからだけど、半分は「峠」の詩のおかげだと、私は思うのです。

私は「峠」という詩を一生わすれないでしょう。そして、無着先生の、あの五分間の授業は、いままでの授業のうちでいちばん満足した授業でした。ほんとうにありがとうございました。(なんか、いま、とってもだれかにお礼がいいたくって……。)

「峠」の詩を学んで……………川田典子……九年

この詩をはじめて知ったのは、合唱祭のまえの日だった。

その日の私たちはふつうではなかった。みんな、合唱祭をあすにひかえ、なんとなくおちつきがなく、ほかのクラスからは歌声がきこえてきていた。そんなとき、無着先生からこの詩をおそわった。おそわったといっても、たったの五分間だ。でも、その五分間で、みんなは泣くほど感動した。ひとことではとてもいえないけど、すごくいい詩だ……と、そのときは思った。そして、それから勉強していくうちに、もっと内容の深い詩だということがわかった。

きっとこの詩は私にとって忘れられない宝物のひとつになるような気がする。とても紙のうえではいいあらわせない感動。

この詩はいまの私たちにとてもあっている。中学校生活という峠をのぼりつめれば、こんどは、その世界に別れて、高校という新しい世界がひらけてくる。

どんなことがまっているのかはわからない。道はこたえないのだから。そのかわり、道はかぎりなくさそうのだ。人にきくよりも、自分の眼で、自分の手でたしかになにかをつかむことができるのだから。

けれど、ひとつの世界に別れるということは、とてもさみしいことだ。心に大きな穴がポカリとあくように。だからこそ、人はその心の穴を少しでも早くうめようと、新しい世界へ向かって歩きだすのではないだろうか。心の穴があきっぱなしだったり、つまりっぱなしでは、峠にのぼることはできないだろう。

峠があり、別れがあり、新しい世界がある。私たちは、これから何十回も、この感動をあじわうことになるだろう。そして、そのとき、きっと、私はこの詩を思いだすだろう。そんなとき、別れをつげた世界がひとつずつ〝思い出〟というかたちで私のまえにあらわれるであろう。

峠を越えた子どもたち

そして、もうひとつ。運動会のとき、実行委員長に立候補し、四組のクラス合唱のとき、分裂をふせいで成功させた田上麦文君の感想を紹介しておきたい。

この感想文にも書かれているが、四組で、この詩をきちんと授業でとりあげたのは公開研究会が終わってからだった。わたしとしては授業が終わったクラスの子どもに、公開研究会のとき、暗誦してもらうつもりでいたのだが、麦文が「オレにさせてくれ」と強くいってきたので、麦文に暗誦してもらったのだった。どういう結果であったかは感想文のなかに書いてあるとおりである。


「峠」の感想文……………田上麦文……九年

いま、無着先生から「峠」という詩の内容をくわしくおしえてもらった。

まさしくいまのぼくたちの気持ちにピッタリ！　いまのぼくたちのためにつくったような詩だと思っている。

公開研究会で、ぼくは「峠」を暗誦した。

ぼくは、このまえ、先生から五分間だけ授業をしてもらったとき、この詩はどういうことが書いてあるのか、作者がどういうことをいいたいのかがわかった。そして、無着先生に「朗読させてくれ!」とたのみにいった。

でも、いま、考えてみると、公開研究会のまえに、この詩をもっとちゃんと(きょうみたいに)教えてもらって、そして、〃ああ、この詩はほんとにぼくたちの気持ちにピッタリだなあ〃というかんじがあったうえで読みたかった。いや、公開研究会のときも、その気持ちはじゅうぶんにあったけれども、単語の意味とか、語句の意味とかがピンとこないところがあった。

きょうはとてもよくわかった。

ぼくたちは、運動会、合唱祭、そして、公開研究会と、三つの峠をこしてきた。そういう行事がおわったあとで、ほんとうに充実した気持ちがあった。

中学にあがって二年間(七、八年のとき)、ほんとうに一生懸命よくあそび、そして、さわいだ。

三年目、中学生生活最後の年ということもあったかもしれないが、なんとなく運動会を成功させたかった。実行委員長になった。運動会の本番、めいいっぱいやった。大成功だった。みんな、オレとおなじ気持ちで運動会をやってくれた。ああ、うれしかった。

合唱祭。川島が実行委員長。これもみんなの心にこびりつくようなものができた。川島がとても一生懸命やった(実行委員長として)というのが目にみえていた。

そして、公開研究会。大沼が実行委員長に立候補した。めちゃくちゃうれしかった。二日めの研究会の日、みんなおもいっきりうたったり、体操したり、そして、おどったり……。

おわりにちかづいてきた。急に大沼が「ちょっとまって、先生に話したいことがあるんだ!」とさけんだ。オレたちは、明星の先生や他校の先生たちに、「いままでの峠をこしてこられたのは明星の先生たちのおかげでもある」とさけんだ。オレたちはいったのだ。全国の先生たちに……。ざぶとんにすわっている先生なんかはたちあがって、大沼と握手しようとしていた。やった……。

その後、体育館でしばらくさわいで、そして、外にでて、ファイアー・ストームをやった。最初はなかなか燃えなかった。でも、しばらくしたら、学校が燃えそうなくらい燃えた。あたりまえだ。オレたちが運んできたマキだもん、と思った。

とにかくこういうことがあったんだ。オレはぜったい、いつも、この日のことを心に思っている。オレたちにはまだまだ峠がたくさんある。無着先生、きょうの授業はよかった。ああ、きょうは燃えた。なんか、ちょっと途中から感想文の題がかわってきてしまったけど、いいじゃない。

「峠」の授業

空間の峠、時間の峠

公開研究会(十一月十一日)の公開授業のときは二組でやった。二組の子どもたちには「峠」をやるということだけいっておいた。そしたら、だれかが模造紙に「峠」の詩全文を書いて黒板の上壁にはっておいてくれたのだ。わたしはこれだけで感激してしまった。しかし、「ありがとう」とひと言いったきりだった。そして、黒板に、〈峠　真壁仁〉と大きく書いた。

「きみたち、峠をこえたことあるか?」

「ある。ある」

「明王峠」「小仏峠」

「そうですネ。七年生のとき、御岳の駅から城山・影信・明王と三つの峠をこえたことがあったネ。あれは秋だったネ。あのときの東京側の風景と相模湖側の風景とを思いだしながら聞いてくれ。わたしが読んでみるから」

そういってから、「峠」をゆっくりゆっくり、かみしめる感じで読んでやった。

「きみたちのなかからも読んでもらおうかな」

そういって、男子では池田浩之君、女子では門馬睦さんに読んでもらった。どちらもうまかった。

「まだ中身の勉強をしていないのに、そんなに上手なんでは、中身の勉強が終わったあとはどうなるかなあ」といったら、みんな、「うわあ。そんなにかんたんにかわるかョー」なんてどよめいた。「とにかく、かわるかかわらないか、中身をしっかり味わってみよう」。

そういってはじめた。

「《峠は決定をしいるところだ》――まず、峠は、いいか?」

「山道を登りつめて、これからくだりになるという、その頂点のことでしょ。それから病気などで、〝今夜が峠だ〟なんていうときの峠は、ものごとの最高点のときでしょ。この詩の場合は山道の峠でしょ」と岩永彰子。

「よし。いいね。みんな。決定ってどういう意味?」

「決定っていうの? 自分の態度を決定するっていうじゃない。だから、態度をきめることと」と植田。

「〝しいる〟っていうのは?」

「〝しいる〟って、〝強制する〟っていう意味」と草子。

「よしよし。それじゃ、《峠は決定をしいるところだ》っていう、この第一行の意味だけど、だれがだれにどんな態度を強制するの？」

「…………」

「うーん。この第一行がいちばんむずかしいよネ」

「先生。わかった。旅人に対して、峠は態度を強制してるんだ」と池の谷が叫んだ。つづいて本間が「だからさ。峠は旅人に対して、いままでの風景に別れて、新しい風景にはいっていけということを強制してるんじゃない」といった。

「うん。それもあるけど、いままでの風景に対して、別れるにしても別れないにしても、どちらかを選ばなければならないところが峠だという意味もあるんじゃないか」と川島。

「山の峠みたいに、もときた道をおりてくるみたいに、空間の峠だったら、そういうこともいえるけど、こっちからあっちへいくという時間の流れなら、ぜったいにもどれないんじゃない。だから、峠は、旅人といってもいいし、そこを通過する人間すべてに決定をしていているんじゃない」と本間の反論。

「そうか。そうだな」と川島。それで、わたしはこういった。

「えらい。そのとおりだとわたしも思う。峠は、わたしたちに対して、こちら側の風景に別れなければ、あちら側の新しい風景にははいっていけないぞ、だから、どんな人間にも、その決定をしいるところなんだぞっていってるんだな。それは、いま、本間がいったように、空間的なことでも時間的なことでもあるんだなあ。もう、この第一行がわかれば、あとはかんたんなんだ」

《風景が綴じあう》とは?

「《峠には訣別……》――訣別って?」

「訣も別もわかれること」

「うん。なにとわかれるの?」

「自分がいままで登ってきた、こちら側の風景」

「そうだねえ。こちら側の風景」

といって、黒板に山をかき、そこをさし示す。

「それと別れなければいけないので憂愁――憂愁?」

「うれい。かなしみ。なつかしいとか、いとしいとかという気持ちをふくんだかなしさ」

「そうそう。そんな感じの気持ちが峠のてっぺんには流れているっていうんだヨ」

「さて、つぎ。《峠路をのぼりつめたものは》――〝のぼりつめる〟ってわかるね」

「わかる。この場合の〝つめる〟は登りがなくなってしまうこと。〝行きづまる〟の〝つまる〟。〝追いつめる〟の〝つまる〟。あとはくだるだけっていうところ」

「よしよし。そういうところだから、旅人はどうなるんだ?」

「山のてっぺんなんだからさ。からだが空でおおわれるっていうかな。つつまれるような感じになるんだよ」

「そうそう。八が岳の天狗のてっぺんにたったときのような感じ」

「そうだ。あの感じを《のしかかってくる天碧《てんぺき》に身をさらし》っていってんだよ。そして、《やがてそれを背にする》っていうのは？」

「うん。まっさおな空を背にして山をおりはじめるっていうことだよ」

「それじゃ、《風景はそこで綴じあっているが》っていうことは？」

「…………」

この一行の「綴じあう」ということがなかなかイメージにならなかった。それで、黒板にかいた山の絵の右側の風景と左側の風景が「ほら、こんなふうに峠の上であわさっているということだよ」といって、それから本を開いて、「こちら側の風景と反対側の風景が、こんなふうに綴じあわさっているということなんだよ」といって、パチンと閉じてみせた。子どもたちは、「ああ、わかった」といった。

風景と風景があわさるということしか考えていなかったので、わたしはこれでいいと思って、授業をさきにすすめたのだったが、あとで松任市東明小学校の岡野葉子先生から「本をパタンと閉じて『綴じあっている』とおっしゃったのが、どうも納得がいきません」とい

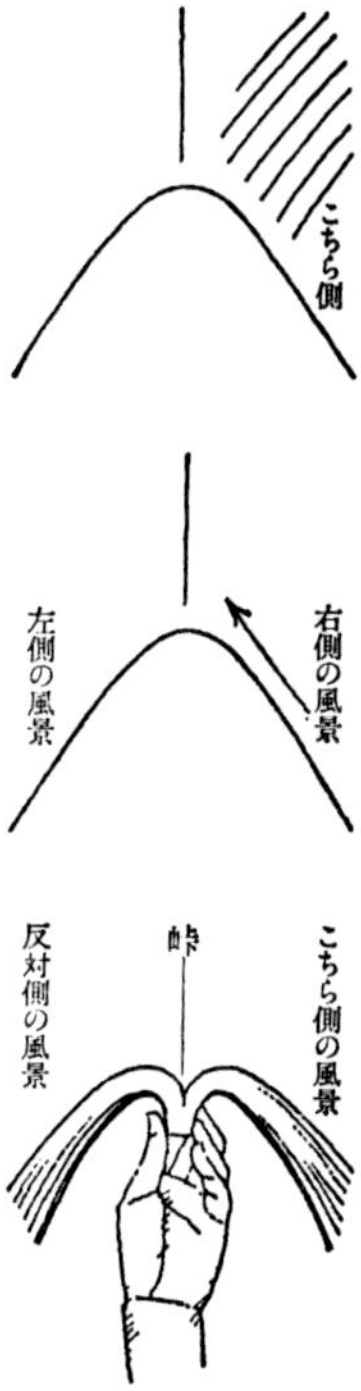

う手紙をいただいた。

それで、子どもたちにこのことをあとになってきいてみたら、「ううん。わかったよ。いままでの風景と、いまからの風景とがそこであわさっているということでしょ」といっていたので、本の右ページの風景と左のページの風景が、そこで「一つにつづりあわさっている」という意味に受けとっていたので、あれはあれでよかったのではないかと思っている。つづいて、

ひとつをうしなうことなしに
別個の風景にはいってゆけない。
大きな喪失にたえてのみ
あたらしい世界がひらける。

ここは、ひじょうにわかりやすかった。とくに《大きな喪失》という内容にかかわって、「いままでなれ親しんできた風景ということで安心できるし、甘えることさえできる風景だ」などという答えがでてきた。

「ここまでで、《峠路をのぼりつめたもの》に対して、峠はなにを要求するところだといっているの?」

「…………」

「あっ、わかった。最初の第一行の《峠は決定をしいるところだ》の《決定》とはどんなもの

かを指し示しているところなんじゃない」という答えがかえってきた。そこで、「どう、みんな」と返してやった。

「そう。そうだよ」

「峠は、いままでの風景に別れを告げなければ、絶対に新しい風景にははいっていけないところなんだということをいってるんだよ」

「よおし、いいですネ。どう、みんな?」

「いい」

ひとつの世界に別れを告げるとき

「それじゃ、《峠にたつとき》からうしろへいこう。《すぎ来しみちはなつかしく》といっているネ」

「過ぎてきた道は、親しんできた風景だし、なれてるし、安心できるの」

「過ぎてしまったことは、ふりかえればなつかしいじゃない」

「そうですネ。そんなら、《ひらけくるみちはたのしい》は?」

「だって、いまからの道にはどんな風景が待っているか、不安もあるけど、期待もあるでしょ。だから、どんな風景がひらけてくるかという気持ちはたのしいんじゃない」

「いいですか。じゃ、《みちはこたえない》というのは?」

「…………」

「こたえない——というんだから、だれか質問してるんじゃない」

「あっ、わかった。旅人がどんな風景が待っているのかということを道にきいても、道は黙っているということなんだョ」

「うん。そんなこと聞いてるあいだに、自分で歩いていってみたらどうだ、といってるんだよ」

「そう。だから、道はおいでおいでとさそうばかりなんだな。わかった」

「じゃ、つぎの《峠のうえの空はあこがれのようにあまい》というのは？」

「…………」

「〃あこがれ〃っていう単語の意味は？」

子どもたちの何人かがたちまち字引きをひき、「理想とするものごとに思いこがれる」とか「そうなりたい、そうしたいと願うことに、心がすい寄せられる」とかと読みあげる。

「それがなんで甘いの？」

「わかった。あこがれって現実じゃないでしょ。あこがれっていうの、実現しようとすると、いろいろ苦しいことやたいへんなことあるけど、ただ心のなかで思ってるだけなら、苦しいことひとつもないじゃない。つまり、甘いんだよなあ。それに対して、現実はきびしくて、苦しいんだよ。《峠のうえの空》っていうのは、いまからの新しい風景を期待する気持ちがあって、《あこがれのようにあまい》といってるんだよ。きっと」

「よおし、よし。すごい。どう、いまの意見？」

「わかる」

「それじゃ、つぎ」

――――

たとえ行手がきまっていても
ひとはそこで
ひとつの世界にわかれねばならぬ。

――――

「それは、そうなんだよ、先生。わたしたちは高校へいくときまっているとするよネ。そしたら、中学校生活というひとつの世界に別れを告げなければ、高校へいけないじゃないか」

「うん。だから、その思いなんだよなあ」

「うん。その思いっていうの、いままでの経験してきた風景をなつかしがる気持ちと、いまからの新しい風景にはいっていく不安とか期待とかの気持ちだよなあ」

「《そのおもいをうずめるため》っていうの――これ、やっぱり心のなかに宝ものみたいにしまいこむことだと思うよ」

「うんうん。みんな、すごいなあ。そうなんだよ。それで、《たびびとは……》」

――――

たびびとはゆっくり小便をしたり
摘みくさをしたり

たばこをくゆらしたりして
見えるかぎりの風景を眼におさめる。

最後のところはみんなで声をだして読んだのだった。

「それじゃ、ベルがなったので、これで授業を終わるが、だれかに読んでもらおう」

「川島がいい。川島」

という声があったので、川島等に読んでもらう。川島は、ゆっくり、落ち着いた声で堂々と読んでくれた。読み終わったとき、一瞬シンとして、そのあと、すごい拍手だった。

いま、私たちは峠にいるのだ

子どもたちの感想文から

このあと、「『峠』を勉強して」という感想文を書いてくれたので、そのなかから四編紹介しておきたい。最初の大沼厚嗣君は、公開研究会のとき、実行委員長をやってくれた生徒である。

「峠」を勉強して……大沼厚嗣……九年

峠とは、自分なりの態度をきめるところだと思う。そして、だれもが、みんなとおるところだと思う。大きい峠もある。小さな峠もある。その峠には、いろんな方向から道がのびている。

道には、山もある。谷もある。山をのぼりつめたところが峠だ。そこで自分の道はまがっていないか？　とか確認して、また、あるく……。しかし、いまのオレたちの道は、まだきれいにほそうされた道で、ついでに峠には矢印もついている……そんな気がする。

けれども、いつかきっとほそうされてない道や、矢印のない暗い夜道の峠にさしかかることもあるにちがいない。そんなとき、オレは、目のまえをグッとにらみ、一歩一歩……あるいていこうと思う。

いままでは、みんなで手をつないであるいてきた。オレたちのあるいているまえを、先生たちが地ならししながら案内してくれた。そのうち、自分の道を自分が地ならししてすすまなければならない日がきっとくる。
《ひとつをうしなうことなしに
別個の風景にはいってゆけない。》
まさにそのとおりだと思う。いつか先生たちとわかれて、自分自身の風景にはいって行かなければならない日がかならずくる。その日が峠だ。
オレたちはだれでも、その峠にたって、態度、右左の決定をくださなければならないのだ。だれも、その峠のところでにげられないのだ。だから、にげないでまじめにひとつひとつの峠をのりこえたほうがいいんだよ。峠をたいせつにするって、そういうことだと思うよ。

無着先生！

オレは、ゆっくりゆっくりいくかんね。いままでの峠をこえたときの感激の火を心にしまって、目だけ燃やしていくかんね！　だれがなあんたって、オレはオレだよ。ゆっくりいくかんね！

オレは公開研究会の実行委員長になってみて、やっと、〝あっ、これが峠だ〟とわかったんだよ。小さいが、公開研究会という峠をこしてみてはじめて、いままでも峠はあったんだなあと気がついたんだ！　真剣にとりくまなかったから、そのことにオレは気がつかなかったんだ。もったいないような……へんな感じ？

これからは、目に見える峠を目標にしよう。いつか、先生が教えてくれた近い目標と遠い目標のうちの、あの近い目標のことだ。いつでも目標が見えるっていいじゃん！　たとえ選んだ道がきつくても、目標が見えていさえすれば、がんばれると思うんだ。そうすればぁ、たとえ心身ぼろぼろでも、峠はやさしくむかえてくれると思うよ。

そこでゆっくりと、おにぎり一こたべながら、見えるかぎりの風景を眼におさめて、それからつぎの峠をめざしておりていけばいいんだよ。近道はないいんじゃない？

「峠」を勉強して………池田浩之……九年

オレはこの詩をはじめて読んだとき、べつになんとも思わなかった。だいたいオレは詩というものがあまり好きではなかったし、なんかよくわからないものだった。だから、この「峠」という詩をはじめて読んだときは、べつにピンとこなかった。

なんとなくいい詩だなと思ってきたのは、無着先生からだいたいこんなような感じの詩だという説明を聞いたときだ。このときの先生の説明は、〝ひとつの峠をこして、つぎの峠をむかえる。過ぎた峠はなつかしく、つぎにくる峠は楽しい〟というような説明だったと思う。

なんとなくいい詩だなと思ったときよりも、もう少しいいと思うようになったのは、やはり、公開研究会のあのとき、授業で「峠」を勉強したからだろう。

一行一行ていねいに勉強したわけだが、たとえば、「峠には訣別のためのあかるい憂愁がながれている」とあるが、〝訣別〟というのは、かんたんにいえば、〝別れ〟である。それでは、なぜ〝別れ〟なのにあかるい憂愁がながれるのかというと、これは峠をのぼり、頂上にたち、そして、くだって峠と別れるが、つぎにまた新しい峠に向かって登っていく希望があるということなのだ。

いまのオレたちにたとえるなら、ひとつの峠が運動会で、それが大成功。つまり、頂上にたったのである。そして、それが終わってしまってさみしいが、またつぎの新しい峠、つまり、合唱祭という峠に向かっての希望があるということなのだ。「ひとつをうしなうことなしに／別個の風景にはいってゆけない」という〝ひとつ〟というのは、ひとつの峠、つまり、合唱祭や運動会などの峠を意味している。

「別個の風景」というのは、そのつぎの峠のことを意味している。つまり、運動会を〝ひとつ〟とすると、「別個の風景」というのは合唱祭にあたるわけである。そうすると、「ひとつをうしなうことなしに／別個の風景にはいってゆけない」というのは、運動会という峠が終わらないかぎり、つぎの峠である合唱祭にはいって行けないという意味なのである。

「すぎ来しみちはなつかしく／ひらけくるみちはたのしい」という「すぎ来しみち」というのは、いままでいえば、もう終わってしまった運動会や合唱祭などのことや、それまでに練習してきたいろいろなことをさしている。「ひらけくるみち」というのは、つぎの峠の沖縄旅行や卒業式などのことをさしている。だから、「すぎ来しみちはなつかしく／ひらけくるみちはたのしい」という意味は、もう終わって過去のことである運動会や合唱祭や、それまでにしていた練習などはなつかしくて、つぎにくる峠、つまり、沖縄旅行や卒業式などは楽しいといっているのである。だいたいこんなようなことがかかれているわけだが、なんか、この感想文をかいているうちに、なんとなくいいと思ったときよりも、それより、もう少しいいと思ったときよりも、なんかしらないけど、すごくいい詩だなと思ってきちゃった。

「峠」を勉強して……門馬睦……九年

私は、授業のときに、この詩を朗読させられたにもかかわらず、ひとつひとつの意味はわかりませんでした。そのときはそれですましてしまいましたが、おちついて読みかえしているうちに、「峠は決定をしいるところだ」という最初のところで疑問にぶつかってしまいました。なぜ峠で決定をしなければならないのか。そして、なにを決定するのだろうか。《峠には訣別のためのあかるい憂愁がながれている。》訣別のためのあかるい憂愁とはいったいなにをいいたいのだろう？　あかるい憂愁とは？
《峠路をのぼりつめたものは
のしかかってくる天碧に身をさらし
やがてそれを背にする。》
なぜ、やがてそれを背にするのだろう？　やがてというのだから、いくらかたってからだろうし……。わかったつもりでいたのが、すごくはずかしく思われはじめました。
峠は、もうあとはくだってしまわなければならないところで、峠からは下界のようすもみえて、なんともいえないすがすがしさと、〃ああ、やっと登りつめたぞ！〃という満足感のあふれている場所なんだあ。
でも、なぜそんなに気分のいいところで決定をしないといけないのだろう。そんなに楽しく満足感にあふれていたら、私はそこから動きたくない。なんの決定をする気にもなれないけどなあ。でも、峠にずうーといられないんだ。日もくれてくるし、おなかもすいてくるし、ああ、やだ。きっと決定をしなくてはいけないというのは、どんなによい気分でも、満足していても、つぎの山にむかって峠をおりなければいけないということなんだ。峠をくだるというのはすでに決定をしているんだあ。だから、「峠には訣別のためのあかるい憂愁がながれている」というように、この満足感とわかれることへの憂愁の気持ちがあり、それでも、つぎへの希望からあふれる明るさが まじわり流れているのでしょう。「あかるい憂愁」……すごくしんせんなことば。
《のしかかってくる天碧に身をさらし
やがてそれを背にする。》
旅人もきっとここをすぐにはなれたくないんでしょう。だから、決定しても、すぐうごかずに「やがて……それを背にする」といっているのでしょう。その気持ち、すごくわかるのです。合唱祭の、あの興奮をすぐにけしきれずに、体育館でうたったりしたのだから。そして、公開研究会で学校全体が一体化して……、フォークダンスをして……、先生も校長先生も理事長さんも……。あの興奮は心のなかでいまだに燃えているのです。
《風景はそこで綴じあっているが
ひとつをうしなうことなしに
別個の風景にはいってゆけない。》
たとえ綴じあっていても、ひとつの風景をこえてしまわないと、つぎの新しい風景にはいって行けないということ……。
《大きな喪失にたえてのみ

あたらしい世界がひらける。》
大きな喪失……ひとつをなくさないと、新しい世界にはいっていけない。
これほどに大きい喪失はないでしょう。でも、そのかわりにつぎの世界
が目のまえにひらけてくるのですね。
《峠にたつとき
すぎ来しみちはなつかしく
ひらけくるみちはたのしい。》
ふりかえれば、なつかしい風景がみえ、あらたなる道には希望がある。
しかし、
《みちはこたえない。
みちはかぎりなくさそうばかりだ。
峠のうえの空はあこがれのようにあまい。》
旅人が希望に対する不安を道にたずねても、道はなにもいわずに、ただ
さそうばかり。そして、峠の空はあこがれのようにあまく、旅人の行手
をはばむかのようにみえる。
《たとえ行手がきまっていても
ひとはそこで
ひとつの世界にわかれねばならぬ。》

行く道がきまっていても、とにかく、その世界とは別れなくてはいけない。

《そのおもいをうずめるため
たびびとはゆっくり小便をしたり
摘みくさをしたり
たばこをくゆらしたりして
見えるかぎりの風景を眼におさめる。》

別れたくない思いを心にもっていても、旅人は別れることにした。その思いをこめて、最後の時間、ゆっくりと休息して、見ておけるかぎりの風景を眼におさめていく……。

この詩は全体で二十四行のものですが、ほんとうに作者が読者につたえたいものは、ごくわずかにすぎなく、読者にいいたいことが伝わるように例をあげてくれているのだろう。

――《峠は決定をしいるところだ。》
――《峠には訣別のためのあかるい憂愁がながれている。》

すごく気にいりました。

いま、私たちはひとつの大きな峠をめざしてすすみはじめた。いやでも登りはじめた。あと数か月で峠をのぼりきってしまう。別れたくない。そんなおもいをたいせつにして、できるかぎりの思い出を心におさめて、新しい峠をめざし、かぎりなく歩いていきたい。（うわ……キザだなあ……。）

私は中学校を卒業したくありません。でも、時は流れています……。みんなとも別れたくない。でも、時はすぎていきます……。大きな喪失に耐えられるかなあー、私……。

「峠」を勉強して……本間秀美……九年

《峠は決定をしいるところだ。》

この一行のなかには、どんなにたいせつなことがふくまれているだろう。私たちにとって、どんなほめことばより、お世辞より、すばらしいことばがそこにあるのだ。私は、一生、この詩を、このことばを忘れることはできない。

この詩を勉強したのは、公開研究会の日。おしえてくれたのは、もちろん、無着先生だ。いちばん最初に目をとおしたときに、〝ああ、なるほど……〟とわかったような気がした。だけど、〝詩というのは、表の意味と裏の意味がある〃と私はずっと思っていたので、〃まだほかに意味があるにちがいない〃と考えた。予想はみごとに的中。そして、そのときはじめて、この詩の中身の深さを知った。ひとつひとつの文、そして、そのなかのことばすべてに、どこかしら、じーんとくるようなひびきがある。それと同時に感じたものは、つきはなされたさみしさと、そびえたつきびしさだった。

私たちは、運動会、合唱祭、そして、公開研究会と、三つの行事を成功させた。どの行事にも共通していえることは、行事の最後の一秒までおしまず、はげしく燃えたということだ。せいいっぱい自分のエネルギーのすべてをかけて燃えた。そして、その炎は、これからさき、どんなに強い風がきたって、消えやしない。とにかく、悔いなくやってきた。努力してきた。

二週間程度の時間のなかで、朝は早くから、夜はおそくまで仕事をし、友だちとの会話の半分が、その行事のことでいっぱいになるほど夢中だった。そんなにまでしたその努力は、たった一日、または二日でおわりになってしまう。だけど、そのいままでのつみかさねの最後は、いちばん情熱的になれる。とてつもない最高の気分になれる。そして、そのあとは、なんともいえないすばらしい満足感が心のなかをいっぱいにする。すごい感激がおそってくる。
しかし、いくら待っても、いくらのぞんでも、その行事をくりかえすことはできない。〝私たちはこれからどうしたらいいのだろう〟と考える。そして、その答えがでたとき、これからへの期待と、そして、それ以上の不安がやってくる。なにかに似てはいないか？――そうだ。峠だ。これが峠なのだ。いま、私たちは峠にいるのだ。
《ひとつをうしなうことなしに／別個の風景にはいってゆけない。》
これが私たちへの答えだ。私たちは、いままでのことを、胸の奥に思い出と教えだけをのこしてすてなければいけない。あの二週間のあいだの努力も、たいへんだった仕事も、すべてすてなければならないのだ。そして、すぐ目のまえにある、名もしらぬ山へとりくむ準備をしなければならないのだ。どんなにこの気持ちからはなれたくなくても、かならずその気持ちと別れなければならない。
《ひとつの世界にわかれねばならぬ。》
そのとおりなのだ。そのことに気がついたとき、私ははじめて、人生のなかの人生にしかないいきびしさを知ったような気がした。〝だったら、いま、このひとときをたいせつにしよう〟――そう思ってファイアー・

ストームのところへいった。私は、この公開研究会の日に、すごくすばらしく、そして、すごくむずかしいことをひとつ知ったのだ。

人生はたくさんの山でできている。その山の大きさ、形はそれぞれちがうが、その山は、ひとつひとつがたいせつなものであり、すばらしいものであり、最高にすてきなものだ。私は、私だけの人生のなかのたくさんの山を、いつか死ぬまでにすべてのぼりつくしたい。ひとつひとつをたいせつにし、ひとつひとつにせいいっぱい燃えて……。

山の峠にきたときには、いつでもおなじものがまっている。

《峠は決定をしいるところだ。》

そのとおりなのだ。それしかないのだ。

この詩は、私のこれからの人生の教訓として一生ついてまわるだろう。

それだけすばらしいものなのだ。だから、私は忘れることができない。

「峠」は私の宝物だ。


こんなにすばらしい詩を教えてくれてありがとう。

先生はいつでもすばらしいこと、すてきなことを教えてくれるんだもん。

この詩と同様、先生も、私、一生忘れられない。ほんとうにありがとう。

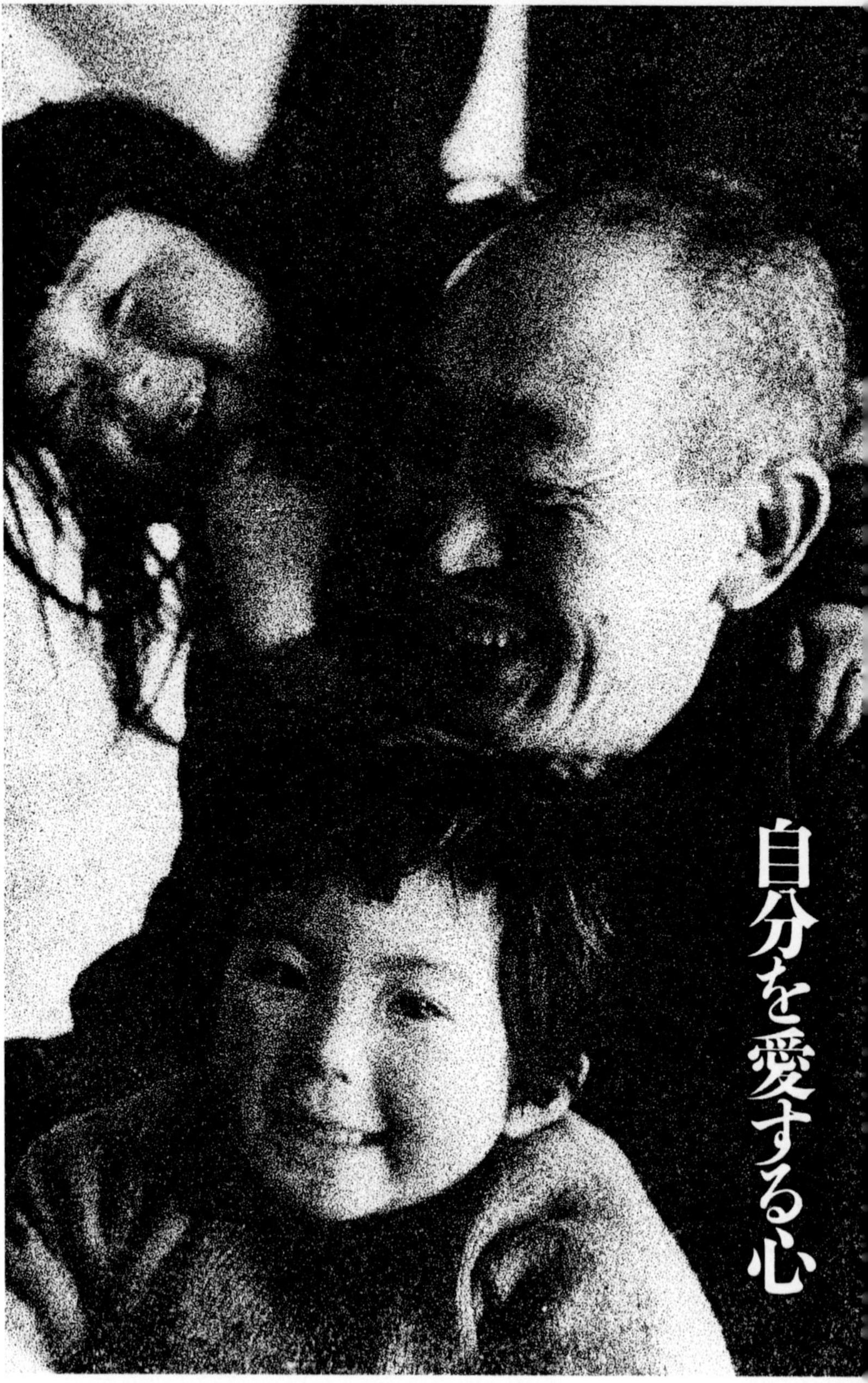

自分を愛する心

奈々子に……吉野弘

奈々子に……………吉野弘

赤い林檎の頬をして
眠っている　奈々子。

お前のお母さんの頬の赤さは
そっくり
奈々子の頬にいってしまって
ひところのお母さんの
つややかな頬は少し青ざめた。
お父さんにも　ちょっと
酸っぱい思いがふえた。

唐突だが

奈々子
お父さんは　お前に
多くを期待しないだろう。
ひとが
ほかからの期待に応えようとして
どんなに
自分を駄目にしてしまうか
お父さんは　はっきり
知ってしまったから。

お父さんが
お前にあげたいものは
健康と
自分を愛する心だ。

ひとが
ひとでなくなるのは
自分を愛することをやめるときだ。

自分を愛することをやめるとき
ひとは
他人を愛することをやめ
世界を見失ってしまう。

自分があるとき
他人があり
世界がある。

お父さんにも
お母さんにも

酸っぱい苦労がふえた。

苦労は
今は
お前にあげられない。

お前にあげたいものは
香りのよい健康と
かちとるにむずかしく
はぐくむにむずかしい
自分を愛する心だ。

【よしの・ひろし】……一九二六年生まれ。第一詩集『消息』(一九五七年)のなかの一編。
この詩や「夕焼け」のように"やさしい心"を描く。
第四詩集『感傷旅行』によって、一九七一年度読売文学賞を受けた。

親の祈りを伝えたい

序列主義教育への反逆

八年生のしょっぱなに、「奈々子に」をとりあげようと、年度末の休み中、考えていた。胸にあたためていた。

わたしは、なぜ「奈々子に」をとりあげようと心にきめていたか——その理由はあとまわしにして、わたしはつねづね、中学生の時代に、詩をたくさん読ませたり、自分でも詩を書いたりするようにすすめないとダメなのではないかと思っていた。そのことをまずいっておきたい。

はじめにわたしは、現在の日本の学校教育は競争を原理とする点数序列主義に終始している、と思っていることをいっておく。いわば点数にならないもの——つまり、お金にならないもの——もうからないものには見向きもしないという傾向が教育をおおっている。ゆるぎない官僚体制をもった近代国家は、当然のことながら成績主義——ある角度からの画一的な、直線的で一元的な、いわば一次元の世界を人間に強要すること——におちいらざるをえない運命をもっている。そのことのなかにどっぷりとのめりこんでしまえば、人間の論理はふっとんで、国家の論理が先行することになる。その結果として、中学校はどこの高校へどれだけ卒業生を送りこんだか、高等学校はどこの大学へどれだけ送りこんだかというようなことで、その学校が評価されることになる。親も親で、自分の子どもの将来の生活の安定のことを考えると、テストの点数や成績や、序列にこだわらざるをえないという状況になっている。

しかし、そのことが、どれほど子どもを歪めてしまっているか。日本の子どもが歪んできているということを認めるかどうかは議論のわかれるところだが、わたしは、子どもたちの自殺や非行、殺人、家庭内暴力、学校内暴力、差別による教室内の分裂、そのほかもろもろの現象について聞くにつけ、見るにつけ歪んでいると判断せざるをえない。それは、結果的には日本民族のバイタリティーの衰弱ともつながっているのではないか。

こういうとき、人間というのは一元的に割り切れるものでもなければ、損をすることなら絶対にしないという生きものでもない。損をすることがわかっていたって、そのなかにとびこんでいって、しかも、生きがいを感じることがある、というような複雑な存在なんだというようなことを、いったい、どこで教えるのか。いわば、人間というのは、自分自身の世界をつくるということにものすごく情熱をもつし、それは、創造的な想像力というものが保証されたとき、もっとも燃えるものだということを、いつ、だれが、どのようなかたちで教えるのか。そういうことは教えてわかることではなくて、教師自身が創造的にやってみせるなかでわかることとなのだろう。そういう教育がいまの日本にはなくなっているのではないか。わたしは、そう思っている。

わたしの「詩の授業」は、子どもが本来もっているはずの、人間の条件としての創造の芽をわざわざつみとって、画一的な偏差値人間をつくりつつある教育体制に対する反逆的な実践である。このような実践は、美術の教師は美術の授業で、技術の教師は技術の授業で、音楽の教師は音楽の授業のなかで工夫し、それぞれの得手を生かして実践されることになるだろう。わたしは詩を教え、詩を書かせることで、子どものこころとからだが、人間であることを自覚するようにしむけたい。それをやるために、わたしは中学時代の子どもたちに「詩」をあたえたいと思っているのである。

人間とは何か。人間は社会のなかでどう生きていけばよいのか。そうした問いかけに対して、「奈々子に」という詩は、「自分を愛する心」をもちなさいと語りかけている詩である。父親が、自分の人生体験からでてきたたしかな思想で、娘のしあわせを願うというのはどういうことなのかを感情をこめて語りかけている。自分自身を愛するということは、自分自身を発見せよということで、ひじょうにむずかしいことなのだ。程度の低いことは何も期待していないが、程度の高いことを要求している——いや、願っている——祈っているといったらいいか。そういう詩である。利己主義の方向での「自分を愛する心」は自分を愛することではなくて、自分を殺すことであり、自分を生かす方向での「自分を愛する心」とは、どういうものなのか。

平明なことばで描かれながら、人間というものの原点に立っての親の祈りというものがわかるかどうか——それをわからせたいというのがわたしの願いであった。

吉野弘という詩人

作者・吉野弘は一九二六年(大正十五年)、山形県酒田市に生まれた。酒田市立商業学校を卒業。十八歳のころ、高村光太郎の詩集『道程』を読んで、深い感銘を受けた。これが詩に触れた最初であるという。敗戦直後から三年ほど、職場で労働組合の仕事に専従したが、途中で発病し(一九四九年)、以後三年間、東京で療養して治療、この間、おなじ病院にいた詩人富岡啓二の刺激で詩作をはじめた。一九五三年(昭和二十八年)、戦後の若い詩的世代の叙情傾向を代表する詩誌『櫂』に参加。のち、『今日』『現代詩の会』などに参加。会社勤めをやめて、現在は、独立したコピーライターの仕事をしている。

詩集に『消息』『幻・方法』、詩画集に『10ワットの太陽』がある。その詩は、庶民的な生活感情に根ざしたヒューマニスティックな叙情性に富み、平易な親しみやすいうたい方のなかに、洗練された高度の詩情と、高い社会意識を盛ることに成功している。鮎川信夫は彼の詩の基調となっている叙情について、「一言にしていえば、人間性への愛、それもひたむきな愛だといえよう」と述べている。

この「奈々子に」は詩集『幻・方法』(一九五九年刊・飯塚書店)からとった。収録詩編三十八編。巻末に鮎川信夫による解説「『幻・方法』について」がある。「奈々子に」は、その第三部の四編の詩のうちの一つである。なお、「奈々子」は作者のはじめての子の本名である。この詩が書かれたのは、原作者の話によれば、一九五四年(昭和二十九年)、奈々子が生まれて数か月たったころであるという。

吉野弘の思想

吉野弘は、三省堂の『国語教育』(一九七〇年十一月号)に、つぎのような短い文章を発表している。

個人であること……吉野弘

スポーツの国際試合は、仮りに国の名誉を賭けて戦われるというような場合でも、見ていて気持がいい。なぜかというと、選手は互いに自国を代表してはいるけれど、自国の軍事力とか政治力とかいうものは一切、自己の筋肉の中に借りることができないからだ。

思うにスポーツというものは、人間から集団とか門閥とかいう個人以上の権威を剝奪し、人間を無垢な個人に引き直して戦わせてみようとする「戦い方の理想態」ではなかろうか。…中略…

これが国家間の政治折衝となると、事情は一変する。スポーツと正反対だと思えば、まず間違いない。国家間の政治折衝だけではない。私たちの住んでいる日本という国の中での出来事万般をみれば、そこに展開されている戦いが、如何に、スポーツのさわやかさとは程遠いものであるかが知れよう。

例を、公害を流している私企業にとってみよう。一人の人間としてならば到底許されない非道なことを、組織の中でならこっそりやるという精神構造——この中に、一体、個人がいるなどといえるだろうか。企業の弁明・言い逃れ・居直り、ここには「個人」という拠り所から遙かに逃亡し、組織の力をカクレミノにした無惨な姿があるばかりだ。

戦後の日本に利己主義は瀰漫したかも知れないが、「個人」は一向に根付いていない。組織馬鹿は無数にいるが、社会の問題を個人という、のっぴきならない責任の次元に引き据えて考える人は少ない。…後略…


——『国語教育』一九七〇年十一月号・三省堂

わたしは、この短い文章のなかに、人間の論理に根ざした吉野弘のはげしい感情を読みとる。《ひとが／ほかからの期待に応えようとして／どんなに／自分を駄目にしてしまうか》という一節のなかに隠された、ある激烈なものを感じないではいられない。

自分自身を人間として発見できないとき、その人間は人間でなくなる。国家の論理や組織の論理——論理といってわるければ、端的にエゴイズムといってもいい。そういう国家や組織のもつエゴイズムのドレイとならざるをえない。そういうことを、この父はたくさん見てきたというのだ。

奈々子にあげたいのは《健康と／自分を愛する心》だけだという。そこのところの意味を、わたしは子どもたちにわからせてやりたい。

この詩の主題、授業の構想

その構成と主題

この詩は十連でできている。

第一連は、《赤い林檎の頬をして／眠っている　奈々子》という二行である。《眠っている》と《奈々子》のあいだが一字あけてある。これは、もし英語だったら、関係代名詞がはいるのだろう。「眠っているところの、奈々子よ」――と呼びかける。「眠っている」と一息おいて、思いをいれて、「奈々子よ」と呼びかけるのだ。

そして、第二連は、それを受けて、赤いリンゴの頬と、少し青ざめた母親の頬の対比のなかで、奈々子の生を支える現実が提示されている。

第三連は、だしぬけに――お前にとって、お父さんのいうことは、わけのわからないことかもしれないが――お父さんの経験から学んだ考え方を提示している。

第四連は、その考え方から帰結する、お父さんの結論だ。《お前にあげたいものは／健康と／自分を愛する心だ》というのは、この詩の主題である。だから、第一連から第四連まで、起・承・転・結とみごとな展開をなしているといっていい。

第五連。《ひとが／ひとでなくなるのは》どういうときか。第四連で提示された主題の展開である。

第六連・第七連は、第四連で提示された主題、《自分を愛する心》の内容としての、自分を愛するとはなにか——である。

そして、第八連・第九連・第十連は、それぞれ、お父さん、お母さんの置かれている現実はどんなであるかをいい、ふたたび第四連で提示した主題を強調している。

この詩を、子どもたちに読ませるとき、わたしは、「父親が、生まれて数か月しかたたない娘の寝顔をみながら、願いを託した詩であること」、いわば、「父親の祈りがこめられている詩」としてとらえさせたい。さらに、この父親は、なぜそのような願いをもつにいたったかということから、子どもを育てるときの通俗的なものに対する批判と、はげしいいかりがこめられていることも読みとらせたい。

教えるときの焦点をしぼる

①——全文を板書して、「詩華集」に写させる。

②——全員で、五回ほど読む——朗読。

③——個人で、五回ほど読む——朗読。

くりかえし、声をだして読むことで、イメージができあがっていく。

④——難解な単語や語句があったら調べさせる。たとえば、**「つややかな」**——つやつやとした。ここではとくに、若々しく美しい色つやの感じをいう。「つややか」の「やか」は、「にこやか」などとおなじく、ある状態にあることを表わす接尾語。

「唐突」——だしぬけ。突然。不意。

「多くを期待しない」——「多い」という形容詞が名詞的に使われている。だから、どういう意味になるのか……。

「世界を見失ってしまう」——自分の立場や周囲の状況を、冷静に正しく判断する力がなくなってしまうこと。「世界」とは、存在する事物や現象のすべてをいう。

「かちとる」——手に入れる。自分のものにする。

「はぐくむ」——養い育てる。もとは、「羽」+「含む」で、親鳥がひなを抱いて育てること。

⑤——吉野弘のかんたんな履歴を紹介する。この作品が、戦後の混乱と貧困のなかからようやく立ちなおりかけた一九五四年のものであることや、「奈々子」は生まれたばかりの赤ちゃんであることなど話しておく。

⑥——《お前のお母さんの頬の赤さは／そっくり／……少し青ざめた》のところを問題にする。

⑦——《お父さんにも　ちょっと／酸っぱい思いがふえた》というところの《酸っぱい思い》とは何か。

⑧——《お父さん》は、なぜ《健康と／自分を愛する心》を奈々子にあげたいといっているか、

考えたことを話しあう。

⑨――《自分があるとき／他人があり／世界がある》に、作者のどんな考えが反映しているか、考えたことを話しあう。

⑩――なぜ《自分を愛する心》は、《かちとるにむずかしく／はぐくむにむずかしい》のだろう。

⑪――この詩はなにを「詩」にしているのか＝主題。

⑫――なぜ、それを「詩」にしたかったのか＝理想。

⑬――朗読をさせる。

⑭――感想文を書かせる。

だいたい、このぐらいのことを胸のなかにしまって（胸案）、授業に臨んだのだった。

自分を愛する心とはなにか

母親のいのちをもらう

――

赤い林檎の頬をして
眠っている　奈々子。

――

「わかるねえ」

「うん、わかる」

「お父さんが、頬っぺたを赤くしてねむっている奈々子ちゃんの顔をのぞきこんで、心のなかで呼びかけてんだろう」

「いまの意見でいいか」

「いい」

「じゃ、つぎ」

お前のお母さんの頬の赤さは
そっくり
奈々子の頬にいってしまって
ひところのお母さんの
つややかな頬は少し青ざめた。

「というところ。《いってしまって》って、何がいって、い、い、いってしまったの？」

「お母さんの頬の赤さ……」

「そうですネ。それじゃ、ひところのお母さん——というのは、いつごろ？」

「奈々子を産むまえ」

「そう。奈々子を産むまえのお母さんの顔は、つやつやして、赤い頬っぺただったんだね。それが、奈々子にいってしまったというんです。どうやっていってしまったの？」

「ヘソの緒で……」

「栄養分を吸いとられたということだよ」

「うん。そうでしょうネェ。お母さんが、奈々子をおなかのなかで育てたことや、産んでからおっぱいを飲ませたことで頬っぺたが青ざめてきたといううんだネ」

「先生！　それは、つまり、お母さんのいのちが奈々子へ流れてきたということじゃないですか」

「どう？　みんな」

「うん。おなじことだけど、お母さんは奈々子を産んで、育てたということだと思います」

「わたしも、そう思う。ここは、そんなにむずかしく考えないで、お母さんの赤い頬っぺたが、奈々子にいってしまったということ、奈々子に対して、お前はお母さんのいのちをもらって生きてんだよ——ということじゃない」

「それでいいかい？」

「うん。いい」

父親の複雑な気持ち

「よおし。それじゃ、《お父さんにも　ちょっと／酸っぱい思いがふえた》っていうのはなに？」

「《酸っぱい》って、どういうこと？」

「梅干を食べたときの味じゃない」―笑い
「うん。酸っぱい梅干をガブッと食べると、どんな顔つきになる?」

みんな、それぞれ、酸っぱそうな顔をする。

「そう、そう。そんな顔になるネ。なにか、ちょっと、テレくさいような、恥ずかしいようなことを思いだしたとき、どんな顔つきになる」

「先生。そんなのできないよ」

なんていいながら、みんないろいろ顔を動かしている。

「そう。うれしかったときの思い出を思いだしているときの顔とかさ、くやしかったときの思い出の顔とかさ、さびしいときの顔とか、かなしいときの顔とか――そういう顔が、甘いものを食べたときの顔とか、苦いものを食べたときの顔とか、からーいものを食べたときの顔とか、似てるじゃない。それでね、人生というのは、よーくかみしめるものだとか、味わうものだとかいわれるんだよ。だから、酸っぱい思いというのは、ここではどういうことかなあ」

「……………」

「吉野弘という詩人は、わたしとおなじ年か一つ年上なんでよく知ってるんだが、あの戦争のさなかで青年時代を迎えてるんだ。だから、敗戦直後のごたごたと貧乏のなかでずいぶん苦労したんだ。そういう思いのなかには苦い思い出もあるでしょうネ。そして、ようやく落ち着いた昭和二十五年すぎてから結婚したんだよな。奈々子が生まれたのは二十九年だ。この詩は、奈々子が生まれてから数か月たったとき書いたというから、こんな世の中で、子どもなんかつくって大丈夫、育てられるかなあという思いもあったでしょうネ。いや、父親としてしっかりしなくちゃなんないという思いもあったでしょうネ。奈々子は、結婚してはじめて生まれた子どもだから、このオレが、もう父親か？　というとまどいもあったでしょうネ。そんな複雑な気持ちを、酸っぱい思いといったのかもしれないよ」

「はじめて父親になって、うれしかったんだけど、ちょっとテレくさかったんだネ」

「うん、そういうこともあるだろうなあ」

「オレはもう父親だぞ！　と、自分にいいきかせている気持ちもまじってるんじゃない」

「うん。どうだろう？」

「まじってると思います」

「この、《お父さんにも　ちょっと／酸っぱい思いがふえた》――というところは、奈々子が生まれたので、しっかりしなくちゃなんないぞと、父親になった責任感みたいなものと、うれしさと、テレくささがまじりあって、しかも、奈々子にやさしく語りかけているところだといっていいですネ」

「はい」

自分自身を生かす

「それじゃ、つぎの、《唐突だが》というのは？」

「だしぬけに。突然にというんだから、第一連と第二連でいっていることから飛躍したことをいおうとしてるんでしょ」

「うん。それでいいネ」

「だしぬけだけど、お父さんは、おまえにこういうことを言っておきたいというんだね。どういうことを言っておきたいといってるの？」

「《お父さんは　お前に／多くを期待しないだろう》と言っておきたいといってるんです」

「そうですネ。それはなぜなの？」

「《ひとが／ほかからの期待に応えようとして／どんなに／自分を駄目にしてしまうか／お父さんは　はっきり／知ってしまったから》と書いてあります」

「これは、どういう意味でしょうネ」

「ほら、オリンピックなんかでさ。国家がものすごく期待しているもんだから、選手がコチコチになってしまって、ぜんぜんだめになったというの、よくきくじゃない」

「だれか、期待に応えられなくて、自殺した選手がいたじゃない」

「そうそう、ソビエトかどこかの選手が、国家の期待に応えようとして、ズルしたのが新聞にでていた。さわらないのに豆電球がついたりして」

「なるほど。親や教師や、あるいは社会や国家が期待したために、期待された人がダメになったという実例はたくさんたくさんあるネ。この詩の場合は、吉野弘というこの作者自身もなにかで期待されたんでしょうネ。その期待されたことに応えようとしたら、自分自身を見失ったという経験をもってるんでしょう。だから、《お父さんは　はっきり／知ってしまった》と断言してるんでしょうネ。それじゃ、なにを期待してるんでしょう」

「期待しないといってるんだから、なにも期待してないんじゃないの」

「そんなことないと思います。《多くを期待しない》といってるんで、ぜんぜん期待しないとはいっていません。だから、すこしは期待してるんだと思います」

「そんなら、なにを期待してんの？」

「《ほかからの期待に応えようとして／どんなに／自分を駄目にしてしまうか》といっているんだから、自分を駄目にしないことを期待しているんじゃないの？」

「どう。いまの意見」

「うーん、なるほど。そうだ。自分を駄目にするな。自分を殺すな。自分自身を生かせということをいってるんだね」

「ああ、そうかあ。わかった」

「よしよし。自分自身を生かすにはどうしたらよいの」

「先生。それが、つぎに書いてあるんじゃないの。自分自身を生かすためには、《健康と／自分を愛する心だ》といってるんじゃないの」

「どうみんな。それでいい？」

「いいです」

「よおし。それで、第五連、第六連につづくんですネ。読んでみるよ」

ひとが
ひとでなくなるのは
自分を愛することをやめるときだ。

自分を愛することをやめるとき
ひとは
他人を愛することをやめ
世界を見失ってしまう。

「すこし、むずかしいかもしれないが、人間というのは、人間以外の動物とちがうところはどこだっけ?」

「物をつくること」「必要なものをつくりだす能力」

「そうですネ。とするなら、自分はなにができるか。自分はなにをして生きていくか。自分はなにが得手であるか。自分はどんな仕事が好きであるか——そういうことを、自分自身ではっきりさせること。それが、自分をだいじにすることであり、自分を愛することだといってるんだよ。自分自身のもっとも得手とする仕事を発見し、それをやることが、結果的には他人のためになり、他人を愛することになるんだ。自分のしたいことを通じて、世界が見えてくるんだ——こういってるんだよ」

「先生。わかった。だから、《自分があるとき／他人があり／世界がある》というんですね」

「そうだ！」

「自分がある——というのは、先生、自分のやりたい仕事があるときという意味ですネ。先生！」

「うん。そうだ」

「どうして、先生？」

「どうして？　いいか。いまの意見のなかには、人間というのは、物をつくりだす動物だということから、つくりだすための仕事をする動物だということもふくまれているんだ。だから、オレはこういうことをして死んでいきたいというものをもっている人間は、自分を愛している人間であるし、だから、強くもなれるんだ」

「先生、わかった。《自分を愛する》ということは、自分自身を思うぞんぶん生かせるということですネ。ほかからの期待に応えようとすると、その期待どおりに生きようとするから、自分のやりたいこととちがってきた場合、ウソになってしまうんだね、先生。そういうことを、この父親は心配してるんだ」

「よおし。よおし。それでいいよ。じゃ、つぎに行こう」

お父さんにも
お母さんにも
酸っぱい苦労がふえた。

「さあ、こんどは、《酸っぱい思い》ではなくて、《酸っぱい苦労》だぞ！」

「この夫婦は、戦争のあとの、物がない時代の、ゴタゴタのなかで結婚して、子どもを産んだんでしょう。そういうなかで子どもを産んだから、苦労だったんだと思う。それを、《酸っぱい苦労》といったんだと思う」

「みんな。どう」

「うん。いいよ」

「だから、《苦労は／今は／お前にあげられない》と、つづくんだネ。だって、生まれたばかりで、なにもできない赤ん坊に苦労なんかあげたら、どうなる？」

「死んでしまう」

「そう、死んでしまうよネ。死んでしまったら……」

「死んでしまったら、この詩がなりたたない」―笑い
「そう。詩がなりたたないよネ。笑いごとじゃないよ。―笑い―つまり、いま、どんなに苦労してでも、奈々子を育てあげることが、吉野弘にとってなになの？」

「ああ、わかった。それが、自分を愛する心だ！」

「ああ、そうか」

ここで、子どもたちが、「なるほど」とうなずく。

「いのちの延長としての、頬っぺたの赤さなんだよ、先生」

「そうだ。そういうことだ。それで、《お前にあげたいものは／香りのよい健康と／かちとるにむずかしく／はぐくむにむずかしい／自分を愛する心だ》となるんだよ。これはわかるネ」

「わかる。《自分を愛する心》というのは、人から教えられてわかることではなくて、自分自身で発見しなくちゃならない。だから、むずかしいんだといってるんだと思います」

「よおし。みんな、いま勉強したこと、ようく頭にいれて、朗読してごらん」

こういって終わりにした。

自分を愛する心をはぐくむ

子どもたちの感想文から

感想文は、吉野弘「奈々子に」、黒田三郎「道」、川崎洋「ウソ」、河井酔茗「ゆずり葉」の四編を教えてから、この四つのなかで、いちばん気にいった詩を一つえらび、暗誦するほど読んで、感想文を書きなさい——といった。だから、この詩の授業が終わったあと、すぐ書かせたのではない。

また、枚数も二枚(八百字)と限ったため、なかなかむずかしかったようだ。各クラスから、特徴のある感想文をつぎに紹介することにしよう。

「奈々子に」の詩の感想……………原淳郎……八年

この詩の作者は、生まれたばかりの子どものことを一人前の人間として話しかけている。それはつぎの部分でわかる。

《奈々子/お父さんは　お前に/多くを期待しないだろう。/ひとが/ほかからの期待に応えようとして/どんなに/自分を駄目にしてしまうか/お父さんは　はっきり/知ってしまったから。》

これは、自分の赤ちゃんを一人前の対等な人間とみて、はなしかけている態度だ。

事実、大学受験とか高校受験とかで試験に落ちたり、自信をなくして自殺したりするニュースがよく新聞にのる。そういうのは親の期待があまり大きかったり、自分の希望とちがっていたりしたためにおきた事件だ。親の期待のことばかり考えていると、自分が自分でなくなる。そして、自分を殺すことになると著者はうったえている。著者はこの詩で「自分を大切にしろ」とうったえているのだと思う。

「奈々子に」の感想文…………米川早苗……八年

この詩は、七年の時、教室にはってあったのでしっていた。

はじめは、お父さんがお嫁に行く娘に言っているのかな、と思っていた。

でも、授業の時、無着先生が、

「これは、はじめて親になった若い父親が生まれたばかりの赤ん坊にいっているのだ」

と教えてくれたので、私は「ふうん」と思った。でも、かならずしもこの詩の意味を完全にわかったわけではなかった。

ところが、暗唱の練習をしていたら、だんだん意味がわかってきた。

自分を愛する心をもたなくてはならない。自分を愛さなくてはいけない。自分を愛する心をもたないと、他人を愛することもできないし、世界を見失ってしまう。自分があって、他人があって、世界がある。こういうことの意味がだんだんわかってきた。

このお父さんは、子どもを自分とはちがう一個の人格者とみていて、自分の一生は、自分できめなければならないといっている。自分の人生は、自分の人生であって、けっして他人のものではない。それは、だれとも交換できないものなのだ。かけがえのないものなのだ。そういうことにめざめて、自分自身を愛することができた人間だけが、他人を愛することができるのだ。そういう独立した個人が集まって、世界をつくるんだ。だから、自分自身の世界がもてる、そういう人間になりなさい、ということを、生まれたばかりの赤ん坊にはなしかけているのだ。

そういうことがわかったとき、私は、背すじがぞくぞくってするほど感動したのです。

この詩、とてもすき!!


「奈々子に」を勉強して……山本玲子……八年

私はこの詩を読んで、もっと親の心を理解しなければいけないな、と思った。ふだんは口に出さないけれど、ときどき私をなぐさめるような感じで言うことがある。とくに私が自己嫌悪になって、ぐちをこぼす時だ。

「私って勉強も出来ないし、ピアノもヘタだし、いやだナァ」

私が言うと、父は「勉強が出来なくたって、ピアノがひけなくたって、生きていける。お父さんやお母さんは、玲子が幸せになってくれることだけで、それ以上は何ものぞまないよ」と言い、母は「そうよ、人に対する優しい心の持ち主と、素直で明るい子になってくれればいいんだから、そんなこと気にしないで、とにかく一生懸命にやりなさい」と言ってくれる。

そして、〝人はみな、愛しあわなければ生きていけない〟ということも言っていた。

人を愛することと同時に、自分自身も愛して、でも、私は自分自身を愛することは出来ていない、と思う。それは私自身、愛するに値するような子ではない、と思うからだ。この詩で言うと、私は〝人〟ではないということになる。だから、私は自分自身を愛せるような子になりたい、と思っている。

お母さんのほほの赤みをもらったぶん、明るい子になりたい。そして、お父さんとお母さんのすっぱい苦労に応えられる強い心をもってる子になりたい。また、父母のすっぱい思いがわかるような優しい子になりたい。

自分を愛する心をあげたいというのは、きっと、人の期待に応えようとして、自分自身というものを見失い、自分がなんのために生きているのかわからなくなってしまい、ついには自分自身をだめにしてしまうような、そんなみじめな人間にしたくないということだと思うから。


「奈々子に」を勉強して……………鈴木淳子……八年

私はこの詩を勉強して、なんとなく感動してしまいました。

でも私、なんでなのかわからなかったのです。この詩を何度も読みなおしてから、「あっ、そうか」と気がついたのです。この詩は、私たちのお父さんやお母さんが、私たちにいいたかったことなんですね。お父さんたちのかわりに、無着先生がこの詩を私たちにおしえてくれたのです。みんなも私とおなじような気持ちだったんじゃないかなあ、なんて思います。

私は、この詩をこのようにとりました。自分は自分自身で道を切り開いていかなければいけない。はたから左右されてその道をふみはずしてはいけない。自分を愛するということは、人間が人間として生きていく最良の道からはずれないように努力するということだ。つまり、自分を思う存分に生かした生活をするということだ。

私は、この詩を読んで、ほんとうにそうだなあと思いました。他人に期待されて、期待どおりの人間になろうと努力したとき、そこに何がおきるか。自分の道をふみはずし、見失うだけじゃないか。たとえば、中学生や高校生ぐらいで自殺したりする人間は、みな人から期待されたことを、期待どおりにしようとしたけれど、それができなくて、自分を見失ってしまった人間ではないか。

お父さんやお母さんは、自分を愛する心と、それを支える健康を期待しているだけなんだ。そうすれば、かならず自分の生き方――「道」を切りひらいていく人間になると信じているんだ。

私はそういうことがわかったとき、この詩に、ものすごく感動してきたのです。はじめ、なんとなくいいなあと思い、勉強してからものすごく感動しました。


「奈々子に」という詩を学んで……高部智美……八年

私は、この「奈々子に」という詩がとても気に入りました。この詩を勉強して、一つ決心したことがあります。それは、私のお父さんやお母さんたちも、この奈々子という子のお父さん、お母さんのように、私のことをよく考えてくれている。それなのに、私は、よくわがままをいってしまうのです。

私のお父さんやお母さんは、私や妹やお姉さんを、一人一人のことを考え、祈るような気持ちで見守っていてくれているのだなと思ったとき、とても、うれしくなります。こんなに、いろんなことをよく考えてくれているのに、私はそれもわからずに、反抗していたりしたのが、とても、いやになりました。だから、今度からは、そういうふうにしないようにしていきたいなあ、なんていうことを考えました。

私は、この詩で、いちばん気に入っているところがあります。それは、この詩の最後のほうにあたる部分の《自分があるとき／他人があり／世界がある》というところなのです。

私は、はじめ「わがままだ」とかきました。わがままに生きていることは自分を見失うことです。自分の責任でやらなければならないことでも、おかあさんのせいにするからです。それは、自分自身を駄目にすることだなと思いました。わがままとは、弱い自分をかくすことです。弱い自分をきたえようとしないことです。一見、自分を愛しているようにみえて、じっさいは自分一人では何もできない人間になってしまうのです。わがままとは、自分がなくなる時です。そのとき他人に迷わくがかかるのです。自分があるというのは、自分のことを自分の責任において生きていくということです。そのときはっきり他人と自分の区別ができて、全体としてのまとまり――世界ができるのだというところ。ここ、すごく気にいったところです。

「奈々子に」を読んで……佐藤美貴子……八年

《自分を愛する心》これは、詩の最後にも《かちとるにむずかしく／はぐくむにむずかしい》と出ていますが、そのとおりだと思います。自分を愛する人は、他人をも愛し、すべての人を愛します。愛する自分がいて、そして他人がいて、そして世界があるのです。

自分を愛せなくなったとき、人も愛せなくなり、世界を見うしなってしまうでしょう。世界の人びとは、みんな、一人ずつが自分なのです。自分でない人はいません。自分を愛するということは、世界中の人びとを愛するということなのです。

《お父さんは　お前に／多くを期待しないだろう》とあります。期待……。期待するということは、その人の力よりも上をのぞんでいるのです。その人の力よりも上なのですから、期待に応えることは、むずかしいのです。期待に応えられなかったとき、その人は、「自分は、だめなんだ」と、絶望感におそわれ、自分を愛することをわすれてしまうでしょう。

奈々子は眠っています。これは、お父さんのひとりごとなのです。このお父さんの願い。奈々子には、聞こえていません。でも、いつか、奈々子にわかる日が来ると思います。


「奈々子に」を勉強して…………橋本想……八年

無着先生は、自分のいちばんいいと思った詩を暗誦して、感想文に書けといいました。だからぼくは、この詩をえらびました。なぜならぼくは、この詩が好きだからです。

ぼくは、この詩の作者がいちばんいいたいことが何であるかよくわからなかったかもしれません。でも、ぼくは、この詩が好きです。なかでもとくに好きなところが一つあります。

《ひとが／ほかからの期待に応えようとして／どんなに／自分を駄目にしてしまうか／お父さんは　はっきり／知ってしまったから。》

というところです。

ぼくも知っています。自分には自分の個性があります。それがのびると、自分とは、どんな人間で、どんなことをすればいちばんいいのだろうか、ということがわかってきます。

ほかからの期待というのは、相手の要求です。要求に応えるということは、べつのいい方をすれば、要求した相手にしたがうということじゃないかな。相手にしたがうということは、相手と同じになるということで、自分ではなくなるということだ。だから、そうなるなといっているんだ。

このことがいまの自分にもいえてるようなので好きです。

たぶん無着先生は、とってもいい作文をみんなに期待しているでしょう。ぼくにも、期待にこたえようかなあ、なんて気持ちがあります。ないといえばウソになります。でも、期待に応えるのは、悪いことではありません。むしろ期待に応えることのほうが、はりきって高い自分をだそうとして結果的によくなる場合もあると思います。

でも、作者はテストのとき百点を期待されても、カンニングをしてまでも百点をとろうなんて思うなといってるんだと思います。自分が精一杯努力してとった点数ならそれはそれでよいのだといっているのだと思います。期待された点数にこだわると、自分を見失うぞといってるみたい。

なんだかわかんなくなってきたけど、自分のもっている可能性を発見し、それを信じて大切にしなさい、自分でなければできない点をのばしなさい、といっているみたい。

愛は照らしつづける

ランプのように……丸山薫

ランプのように……………丸山薫

生涯　僕を愛した人
これからも僕を愛そうとする人
母と
妻

母の愛は五十年間　僕を照らし
三年前に燃えつきた
僕のこころの片側には陰影《かげ》が出来て
陰影《かげ》の中で　僕は泣いた

妻は二十年の歳月　僕を愛し
なおたゆみなく愛そうとする

たぶん　彼女は僕よりも永く生きて
ひとり耀《かがや》くだろう
主なき部屋の
ランプのように

【まるやま・かおる】……一八九九年生まれ、一九七四年没。この詩は詩集『花の芯』（一九四八年）にのっている。処女詩集『帆・ランプ・鷗』にもみられるように、〝ランプ〟は詩人の叙情のテーマの一つである。

原文は、旧漢字・旧かな遣いであるが、新漢字・新かな遣いに改めた。

二人の女性に捧げたうた

「詩」というもの

この詩をとりあげた理由として、授業案には、

「この詩は五十歳をすぎた一人の男性(作者)が五十年間照らしつづけてくれた母親と、二十年間愛しつづけてくれた妻に対して、しみじみとした気持ちで『ありがとう』といっている詩である。そのような感情が、『雨やどり』とか『雨にぬれて』とか『太陽がくれた季節』だとかを感情をこめて歌っている現代の子どもにわかるかどうか――いや、やっぱりわからせてやる必要があるのだ――という気持ちがわたしにはあってとりあげることにした。あくまでもこの詩は、五十三歳をすぎた男が二人の女(母と妻)に捧げたうたである。したがって、五十オトコの生命のありがたさに対する感情が軸なのだから、なかなかむずかしいとはおもう……」

というようなことを書いておいたのだった。

さて、この詩にどのようにせまっていけばわかってもらえるのか。わたしはつねづね、「詩」というものは「作者が感動したことを、むだのないことばでズバリと結晶させたこと

ばの芸術だ」とか、「読むひとの心に生きることのうれしさだとか、とうとさだとか、ものごとに感動することの楽しさだとかを教えてくれるものだ。そういう心をめざめさせてくれるものだ。呼びおこしてくれるものだ。そういうことばの芸術だ」とかといっていた。それなら、ここから切りこんでいくよりしかたがないのではないかと、まず考えた。

授業の順序としては、

①――この詩を全部板書する。
②――目をつむらせておいて、わたしが読む。
③――いっせいに声をそろえて読ませる。
④――一人で読みたい子がいたら読ませる。
⑤――その読み方でよいかどうか意見をきく。
⑥――よいならなぜよいか、わるいならなぜわるいかをきく(主題にかかわる)。
⑦――なにをのべたのかきく(主題にかかわる)。
⑧――どんな気持ちをのべたのかきく(理想にかかわる)。

このへんまできめておいて、授業にはいることにした。そのさきは見えないまま。いよいよ授業。

①②③と、とんとんとんとすすんで、④では三人の子どもに読んでもらった。もっとゆっくり読んだほうがいいということと、一字あけてあるところは、ちょっと休んだほうがい

い、なぜなら、そこでいま読んだ《生涯》という単語のもつ意味の深さや時間の長さを考えてもらいたいから、作者は一字あけたのにちがいないなどという意見がでた。

《母と妻》とつづけて読んだことに対しては、わざわざ行をかえてあるんだから、一字あけているよりも意味があると思うから、「母と」と読んで一息ついてから、「妻」といったほうがいいという意見がでた。

《母と妻》で三字しかないのに、なぜ二行で書いているの? 《母と》《妻》というふうにどうして行をかえなくちゃなんないの——などという質問がそこであって、子どもたちのあいだから、質問者に向かって「お母さんの愛」と「妻の愛」を並べているからなんじゃないか? というようなやりとりがあった。

叙情詩と叙事詩

そのようなやりとりができるということは、この詩の気持ちを相当の程度感じとった結果であると、わたしは判断して、

「この詩は、作者である丸山薫というひとが、自分の気持ちをのべている詩なんです。そういう詩のことを叙情詩というんです」

そういって、

〈叙情詩〉

と板書した。まず、「情」を指さし、

「情というものは、人間のなさけ、感情の情だね。だから、人間のなんだろう?」

「こころ」

「そう、こころだネ。叙というのは〝叙する〟という動詞で、〝のべる、のべたてる〟ということだ。だから、叙情詩というのは?」

「こころをのべたてた詩」

「そう。こころをのべたてた詩。つまり、感情をのべた詩のことだ。気持ちをのべたてた詩といってもいい。だから、叙情詩に対して……」

そういいながら、叙情詩に並べて、

〈叙事詩〉

〈叙景詩〉

と板書した。そして、「これはなにをのべたてた詩だろう」といいながら、「叙事詩」を指さした。

「事だから、事件だ」

「ン、なにかの事柄だ」

「そうだ。事件や事柄の事だネ。事実の事でもあるから、なにかのことについてのべた詩という意味でいい。そんなら、こっちのほうは?」

「叙景詩だから、景色をのべたてた詩じゃないの?」

「風景の景だよ」

「そう。景色の景、風景の景だネ。景色、風景をのべたてた詩といっていいでしょう」

そこまでいっておいて、「ところで、詩というのは、どういうものだっていってたんだ」と問いかえした。子どもたちは、

「作者が、見たり聞いたり感じたり考えたりしたこと——対象に対して感動したことをむだのないことばで結晶させたもの」

「そうだろう。そんなら、気持ち、つまり感動だな、感動したことをのべていない詩なんてあるのか?」

「ない」

「そんなら、どんな詩だって叙情詩じゃないか?」

「…………」

「よしよし。どんな詩だって、気持ちをのべていない詩はないし、事柄をのべていない詩もないし、風景をのべていない詩もないんだよ。叙情詩なんていうのは、みんな心のなかの風景といってもいいし、風光といってもいい。それをのべているんだ。ただ、文字面にあらわれていることばが、情的であるか、事的であるか、風景的であるかによって便宜的にわけてあるだけなんだ。そういうふうに便宜的にわけてみれば、この詩は叙情詩のなかにはいるというだけなんだな」

というふうに、まずこの問題にケリをつけた。

子どもの読みの深さ

二人の愛

「それでは、きょうの授業の本題にもどるよ。この詩は叙情詩であるということにして、そんならこの詩人はどんな気持ちをのべているのかね」

といぅかたちで、詩のなかにはいった。

「お母さんと、自分のオクさんの二人の愛情に感謝してんじゃないの?」

とでた。すぐ、

「二人の、五十すぎの男が、自分のお母さんからいろいろやってもらったこととか、自分のオクさんからやってもらったこととかを考えて、ありがたいことだとおもって、この詩をつくったんじゃないのか?」

とでた。

わたしは、〝うーん。そのとおりだ。そこまでわかるんなら、もうこの授業、これ以上つづける必要ないなあ〟などと思ったが、そんなことを思ってるなんて顔にはあらわさないで、「なるほど。たぶん、そうだろうと思うけど、ちがう意見のひといない」ときいたら、本間が、「たぶんじゃなくて、ズバリじゃないの」という。みんな笑う。わたしも笑いながら、「ズバリなら、その証拠をあきらかにしないといけないネ」と展開した。

「まず、さっきの意見で共通していることは、一人の男が、自分を産んで育ててくれた母親と、自分と結婚して、なにかにとめんどうをみてくれているオクさんの二人の女性の愛に感謝している——ということだったネ。それは、いいかしら」

「いい」「そのとおりだ」

「だってそれは、第一連ではっきりしているよ」

一行あけたりして、いくつかのかたまりでつくってあるとき、段落とはいわず、第一連、第二連というのだということを七年生のときに教えてある。だから、この詩は四つの連でできているという了解がある。

「どういうふうに?」

「《生涯　僕を愛した人》と、《これからも僕を愛そうとする人》はちがう人なんでしょう。《生涯　僕を愛した人》は《母》で、《これからも僕を愛そうとする人》は《妻》なんだよ。だから、この詩は《僕》を中心に《母》と《妻》のことを書いているんだと思う」

その意見をきいていて、池の谷が「ああ、そうか」といった。

「池の谷。君は、ここのところ、どう考えていたの?」

ときいてみた。池の谷はおしりがイスからおちるくらい小さくなって、

「ううん。なんにも……」

といった。「なんにも考えていなかった」のだろう。だから、《生涯　僕を愛した人》にも《これからも僕を愛そうとする人》にも関心がなかったのだろう。いまを中心にして、いま

まで愛してきた人と、いまから愛する人とが同一人物のようにさえ頭に思い浮かべなかったのだろう。

「よいか。ここは、川島のいったとおりなんだ。《生涯　僕を愛した人》と《これからも僕を愛そうとする人》とを並べて書いてあるんだ。二人の愛は?」

「同格」

「そうだ。同格。どちらがよくて、どちらが劣るなんてないことを、二つ並べることであらわしているんだ。対にしてるんだネ。だから、この二つを対句といってもいい」

そういいながら、〈対句〉と板書した。

ここまでくると、「ああ、だから、ここは四行になるのか」とか、「母と妻をわけなくちゃならないんだな」とかということがわかって、声にだしていっている子どももいる。

生涯　僕を愛した人
これからも僕を愛そうとする人 —— 対句
母と
妻 —— 対句

こんなふうに板書した。

「それじゃ、対比して書いてあるということを頭にいれて、《愛した》というのと《愛そうとする》ではどうちがうの」

「《愛した》は、過去形、すぎさり」

「《愛そうとする》は、すぎさらず。いまから愛そうとするというんだから未来形。意志もはたらいているかな」

「《愛した》は、終わったの、もう。死んだの」

「あ、そうか。すると、それは、第二連と関係してるんじゃない」

「そうなんだよ」と、そこでわたしが口をはさむ。

「第一連で、母と妻を対句で対比させながらだしておいて、《生涯　僕を愛した母》のことを第二連でうたってんだョ。みんなわかった?」

うんうん、とうなずく。

《生涯》ということばの重さ

「そんなら、《生涯》の下、一字あけてあるだろう。最初の朗読のとき問題になったけど、作者は一字あけることで何かいいたいんだよね。こういうのを字あけというんだ。一連と二連のあいだに一行あけることも行あけという技法で、そうすることによって、作者は何かを表現しようとしているんだ。それはそれとして、ここ、どうして字あけという方法をつかったんだろう」

「生涯という時間の長さを読者に考えてもらいたいからじゃないの」

「いや、長さというより重さだと思うな」

「そうですネ。生涯という長さだから重さを考えてもらいたいということなんだネ」

「先生、生涯ってなに?」

「バカ、おまえ知らないのか。生まれてから死ぬまでのことだよ。一生涯というじゃないか」

「オレは先生にきいてんだ。先生。そんなら、この詩ウソだよ。だって、この母親が、生まれてから死ぬまで僕を愛してくれたなんてウソだよ」

「よし、わかった。僕という人間は母親が結婚するまえはいなかったということなんだネ」

「そう」

「そのとおりだ。だから、正しく書くとすればどうなる」

「僕を産んでから自分が死ぬまで」

「そうだね。それはどこかに書いてあるネ」

「あ、第二連。《母の愛は五十年間　僕を照らし》っていうのは、生まれてから死ぬまでじゃなくて、僕を産んでから死ぬまでの長さだ」

「そうだ」

「そんならやっぱり、《生涯》というのはウソだ」

「そう。事実ではないネ。だけど、ウソかしら」

「…………」

「よおし。こういうのを……」

「誇張」

「よおし、誇張っていうんだ。作者はどうして誇張したかったんだろう」

「僕を愛してくれた時間の長さだけなら事実じゃないけど、その重さも考えてもらいたいという作者の気持ちがこめられているからじゃないですか」

またしても本間。

「うーん。おまえ、すごいなあ。生涯というのは時間的な長さだけなら事実に反するけど、その重さのことも考えると、真実なんだよ。事実ではないけど、真実だというのはこういうことなんだ。

話しておくけどな。丸山薫のおとうさんは県知事までしたひとなんだ。だけど、丸山薫が三歳かそこらのとき死んでしまったんだ。そのあと、母親は丸山薫を育てることで一生つかいはたしてしまったんだ。苦労してなあ。そのことを作者は思い浮かべながらこの詩をつくっているんだよ。だから、《生涯》という単語には、いろんな重たい意味がこめられているんだよ。事実じゃないけど、真実の思いがこめられているんだよ」

みんな、シーンとしてしまった。


愛は照らすもの?

「さあ、そういう思いが第二連にこめられているかどうか読んでみよう。第二連は《母の愛は五十年間》、そこで一字あけて《僕を照らし》、《三年前に燃えつきた》というんだから、ているの?」

第一連の《生涯　僕を愛した人》、それは《母》というものをうけているんだね。なにをいっ

「死んだこと」

「死んでしまったこと、三年まえに……」

「だから、この作者の年はいま五十三歳だ」

などと口ぐちにいう。

「そうですね。生涯、僕を愛した人は三年まえに死んでしまったという事実をいっているんだね。第一連では《生涯》といっているところを、第二連では《五十年間》というふうにかわってきたのはどうしてだろう?」

「最初、生涯というい方で長さと同時に重さを表現しておいて、こんどは五十年間という事実をだしたんだと思う」

「どうしてそうしたの?」

「ここでは事実のほうが、誇張するよりもずっと重くなるからじゃないかなあ」

「五十年間というのは長いもん」

「ぼくたちはまだ十四だぜ」

「そうだよなあ。八年生といえば十四歳だもんね。五十歳なんて気の遠くなるようなさきのことだよなあ。生涯なんていうより、五十年のほうが、たしかに実感があるね。そのことを考えてね、という意味で一字あけてあるんだよなあ。ところで、五十年間どうしたっ

ていうの？」

「照らしつづけたの」

「何が」

「愛が」

「愛って照らすものなの？」

「先生。そんなのダメだよ。つまり、愛っていうのを、あったかいものだとか明るいものだとかっていう感じで、ランプにたとえているんだよ」

「ごめん、ごめん。だから、三年まえに燃えつきたっていうんだね」

「そうだよ」

「それじゃ、なぜ、ストレートに《母は五十年間　僕を愛し　三年前に死んだ》って書かないんだろう」

「それじゃ、事実だけになってしまうよ」

「つめたくなっちゃうよ」

「叙情詩でなくなっちゃうよ」

「おかあさんが、五十年ものあいだ愛しつづけてくれて、そして、死んでいったことを、感情こめて書いたんだよ」

「そうなんだネ。だから、つぎの二行がよく生きてくるんですよね」

「うん」

「時間が右から左へ流れているとすれば、右側におかあさんランプ。左側にオクさんランプ。自分は右側からも左側からも照らされていた。ところが、右側のランプ——おかあさんランプが燃えつきてしまった。それで、右側のほうにかげができて、そこには、オクさんランプの光がとどかない。オクさんがどんなに愛したって、おかあさんの愛をおぎなうことができない。そこのところを、《陰影の中で　僕は泣いた》っていってるんだと思います」

「うーん。いまのたとえ、いいかい」

「いい。いい」

「よくわかるよ」

絶対的な信頼

「うーん。わたしもよくわかったよ。それじゃ、第三連にいこう。第三連は、《妻は二十年の歳月》ここでやっぱり一字あけてあるネ」

「やっぱり、二十年というのも長いんだよ」

「親子とちがって、夫婦なんだから」

「夫婦だとどうして二十年は長いの?」

「だって、育ちのちがうのがいっしょに暮らすんだから、あきちゃったらたいへんだよ」

「親子だったらしかたないけどネ」

「うん。しかたないけど。夫婦だったら、そうとうがまん強くないとだめだよ」

「作者は、ぼくのような人間とよくもまあ二十年もいっしょにいてくれた。そして、いまからもまだまだ愛しつづけてくれるようだといってるんでしょ」

「信じてるんだなあ」

「うん、信じてるんだ」

「よし、よし。君たちの読みはなかなかすばらしいよ。作者がオクさんの愛情を絶対的に信じているっていうところまで読むとは思わなかった。わたしもそう思う。それが最後の第四連、起承転結でいえば、結のところでバッチリときまるんだ。つまり、どうだといっているの?」

「彼女——つまりオクさんね。オクさんは僕——つまり、丸山薫、主人ね。主人よりも永く生きるだろっていうんじゃない。それはまるで、主なき部屋のランプのようだといってるんじゃない」

「主なき部屋のランプってなに、わかんないよ」

「主人のいなくなった部屋っていうことじゃないの?」

「そこの部屋に住んでいたひとがいなくなるのよ。ランプをつけっぱなしにしたまま。そうすると、部屋はガランとして、さむざむとしていて、さみしいじゃない。だけど、ランプは燃えつきるまで燃えてるでしょう。だれもランプを消さないし、もちろん、自分では消せないし、自然に消えるまで持ち主のいない部屋を照らしつづけるだろうっていうんじゃないの」

「あ、わかった。再婚しないだろうっていうことだ」

「信じてるんだね」

「そうだ、信じてるんだ」

「絶対だね」

「オトコの希望だネ」―どっと笑う
「まあ、そういうときは願望というんだろうネ」

とわたしが補う。それから、

「よし、わかった。とにかく、この作者は願望まで書いているということが明らかになった。それでは最初にもどって、この詩は作者のどんな気持ちをあらわしているのかにもどろう」

そういって、板書しておいた、

〈お母さんと、オクさんの愛情に感謝している気持ちをうたった詩〉

を指さして、「やっぱり、これでいいんだネ」といった。

「うん、それでいい」「いい、いい」という声が過半数を占めていたが、

「オトコの甘えもあるんじゃないの」

という声もあった。

「でも、とってもいい詩だと思うよ。自分を愛してくれているということを信じきって生

きているって美しいよ」

と美穂がいった。

「うん、わたしも、そう思う。とっても美しい詩だと思うひと、手をあげて」

みんな「ワーッ」と声をだしながら手をあげた。

「それでは、だれかに読んでもらいたいんだが」

上野圭子が読んでくれた。うまかった。

《主なき部屋の
ランプのように》

読み終わった瞬間、みんなシンとした。そして一瞬、拍手がわいた。

「母の傘」を読む

お母さんが死んだときの詩

ここで、終わりにすべきなのだが、また、わたしの悪いくせで、

「この詩は『花の芯』という昭和二十三年の仙花紙の本にでているんです。その本に、お母さんが死んだときの詩があるから読んできかせます」

そういって、「母の傘」を読んでやった。

母の傘…………丸山薫

お母さん
あなたが亡くなられてから
きょうで二十日目
山の村には佗しく
秋の雨がふっています

その雨の中を
あなたが形見として遺された
あの小さな傘をさして
私は生活《たつき》のために出かけます

年寄られてから
いつも外出《そとで》には手から離し給わず
はるばるとこのさびしい北の山国まで
死出の旅にさして来られた
老人用の黒い絹張りの傘！

お手製のふくろにしまわれた
少女のパラソルのように
柄の短いコウモリ傘！

それを翳《かざ》せば
雨も私の頭と肩にはふらず
私はあなたと一緒にいるようです

そのうえ　未だ私が子供で
あなたが若かったむかしから
媼となって　ひっそりと暮れきるまで
始終　私達の気持に投げかけていた
あの柔かな慈愛の蔭にかくれるようで
私の胸はせつなく温まり
甘い思い出にうるむのです

お母さん

——
私はいま　この小さい傘の中から
現世にしぶく冷い雨の脚を眺め
雨にけぶる遠い山の紅葉を眺めます
——

みんなシンときいてくれた。

「はい。きょうの授業はこれでおしまい」といったら、やっとわれにかえったようにざわつきだした。わたしが廊下にでたら、少女が三人追いかけてきて、

「その本、なんていうの」

「いまでも売ってる?」

ときいた。

美しく純粋な愛のうた

子どもたちの感想文から

さて、この「ランプのように」の勉強をわずか一時間だけしてから一か月もたったある日、
増田美穂が、
「先生、『ランプのように』の感想文、読んで」
ともってきた。

「ランプのように」を勉強して………増田美穂……八年

「ランプのように」を勉強してから、しばらくわたしはそのことばかり考えていた。
《生涯　僕を愛した人
これからも僕を愛そうとする人
母と
妻》
私は何べんも何べんもくちずさんだ。
自分のいのちが、母の愛と妻の愛で支えられているのだという実感。自分のいのちが、母の愛のおかげであるんだ。妻の愛のおかげであるんだ。ありがとうございますって、深々と二人の女性に頭をさげている——そういうイメージなんです。
最後の三行。
《ひとり耀くだろう
主なき部屋の
ランプのように》
というところ、この男、甘えているんだよという人もあった。けれども、私はなんべんもなんべんも考えて、そうではないと思った。自分を愛してくれている妻を絶対的に信じているからこそ、言えたんだと思う。この詩の美しさは母の愛を、妻の愛を絶対的なものにまで高めたところにあると思う。自分を愛してくれている二人の女をこんなに信じきっている男のまえでは、女だってウソはつけないと思う。このオクさんは、たとえダンナさんが死んだとしても、このダンナさんよりすばらしいダンナさんと再婚できるとは思っていないと思う。ダンナさんがこういっているとおり、オクさんは主なき部屋のランプのように燃えつきるまでひとりで耀いているにちがいない。

わたしはそれを信じたい。

こんな詩をかいたダンナさんもえらいが、こんな詩をかかせたオクさんもえらいと思う。これはほんとに美しく純粋な愛のうただと私はよんだ。

【注】……公開研究会のときは八年三組でやったのだが、
そのあと、一組でも二組でも、四組でもやり、ちょうしにのって九年の三組でも四組でも、
丸山薫をとりあげた。だんだんと授業がよくなり、九年生のときはじつによくわかってくれた。
この授業記録は、のちになって、それらの授業をひとつにまとめたものである。

自然が絶滅する

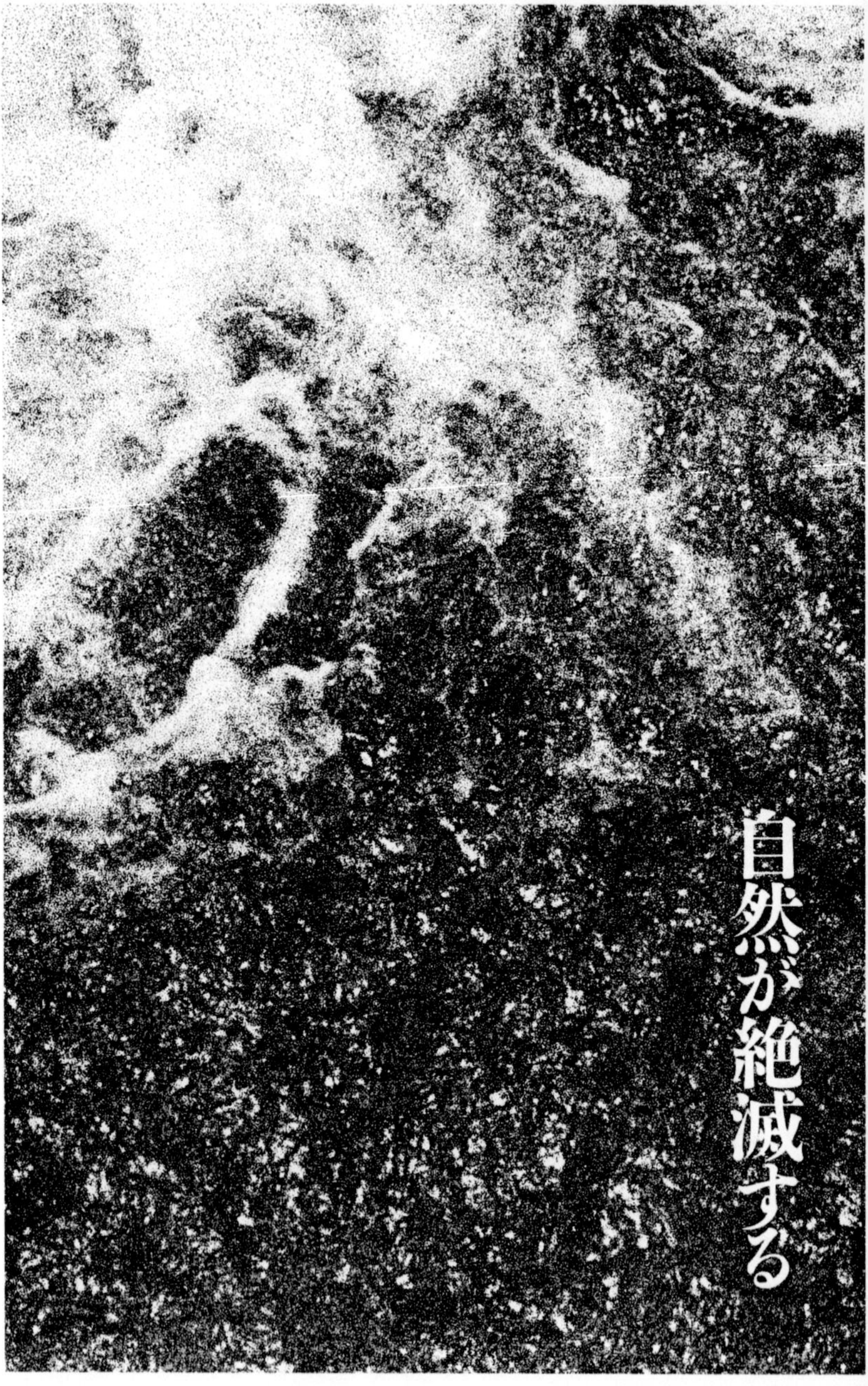

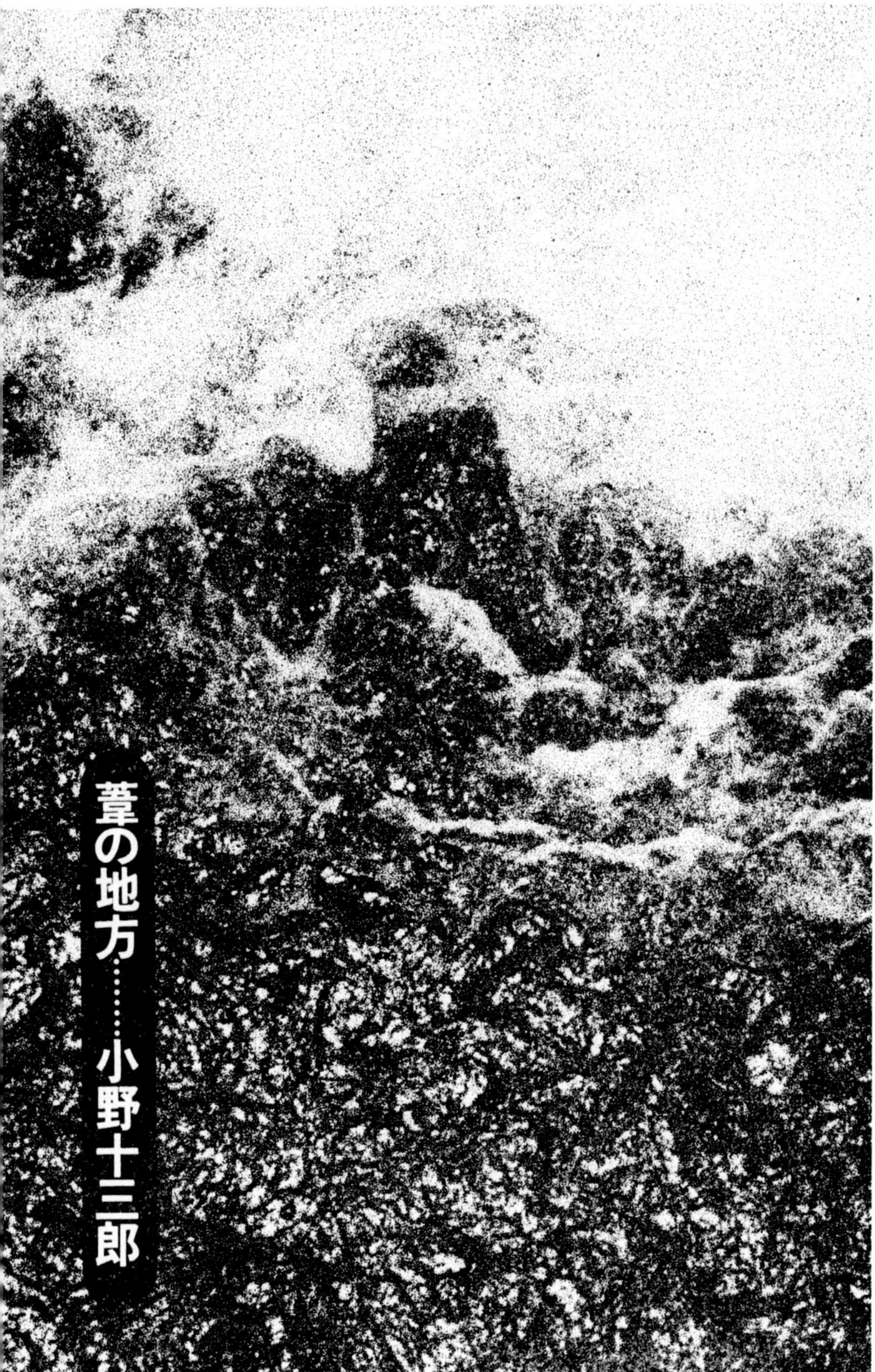

葦の地方……小野十三郎

葦の地方…………小野十三郎

遠方に
波の音がする。
末枯れはじめた大葦原の上に
高圧線の弧《こ》が大きくたるんでいる。
地平には
重油タンク。

寒い透きとおる晩秋の陽の中を
ユーファウシャのようなとうすみ蜻蛉《とんぼ》が風に流され
硫安や　曹達《ソーダ》や
電気や　鋼鉄の原で
ノジギクの一むらがちぢれあがり
絶滅する。

【おの・とうざぶろう】……一九〇三年生まれ。第三詩集『大阪』（一九三九年）で独自の詩法を展開する。「葦の地方」はその代表的な一編。叙情を拒否し、精神に対して物質を対置し、時流に抵抗する。

人間の根を養う

教えるのではなく、ふれさせたい

一読、二読、三読、四読、五読………

この詩が、わたしの子どもたちにわからぬはずがない。この詩は、自分自身のセンチメンタリズムを拒否し、事実と対峙している。荒涼とした自然の風景を、人間がつくりだした工業文明の無機質な世界と対比させながら描きだした――だけなのだ。あくまでも「物」で語っている詩である。だから、現代のような、雑音の暴力で感覚器官が荒らされてしまうことの多い状況のなかでは、この詩の「詩精神」にせまることがなかなかむずかしい子どもが多いかもしれない。いや、だからこそ逆に、なんの説明もなしにズバリと核心にせまる子どももいるかもしれない。人間というのは不思議で、矛盾にみちていて、さまざまである。百人の子どもがおれば百とおり、二百人の子どもでは二百とおりの感じ方。そんなことは先刻承知のはずだ。どんな詩を紹介したって、詩とはそういうものなのだ。とにかくこの詩を子どもたちに紹介しておきたい。それは、なにもこの詩に限ったことではなくて、わたしの場合には、いつだって、この詩は子どもたちに紹介しておきたい、この詩は「詩華集」に写させておきたい、この詩は読んできかせたい――という内発的なもの、わたしの心の底からつきあげてくるものがあって、矢もたてもたまらなくなって、子どもに詩をさしだす。それはどうしてだろうかと、自分でもときどき考えることがあるのだが、わたしの場合、どうも「この詩をつかって、何かを教えたい」ということではなくて、「この詩、そのものを紹介したい」のである。「芸術作品による教育」ではなくて、「芸術作品そのものにふれるだけでよい」という態度だ――といえばわかってもらえるだろうか。

それはわたしの子ども観、そして、そこからでてくる教育観にかかわっている。

わたしが、子どもたちに詩を教えるのは、詩の形式を教えるのでもなければ、レトリックを教えることでもなければ、単語や語句や語法を教えることでもない。もちろん、それがわからなかったら(極端な例では、文字が読めなかったら、やはり、その詩を味わうことができないので)教える。教えるけれども教えることが目的ではない。したがって、テストなどというものはしない。むしろ、全員のまえで、自分の好きな詩の暗誦を一学期に一つぐらいはかならずやるような子どもにしようとしている。くどく言わせてもらうならば、高校の入試に詩の問題がでたとき、うまく解答が書けるようにとか、あるいは詩人になれるようになどとか考えて、そこから逆算して、詩としての諸要素を抽きだして並列的にたたきこむ――などということはけっしてしない。

わたしがしていることは、子どもたちに詩を紹介するということだけだ。そして、わたしが子どもたちに願っていることは、わたしが提示した詩をじっくりと味わってもらいたいということだけである。静かに座ること、よーく耳を傾けておはなしをきくこと、そして、味わうこと。人生とは味わうものであり、かみしめるものだということがわかってほしい。それはまるで、母親の胸に抱かれて、おっぱいをのみながら、子守唄をうたってもらっているような体験——そんな体験をわたしはねらっている。それは、あまりにも根源的すぎるという批難があってもいい。

いまの日本の子どもたちの神経は、日常生活のなかのありあまる刺激の洪水と、物質的な価値観による序列主義と、競争原理によるテスト体制のなかで、感受性が傷つき、たたきのめされた状況のなかにある。いらいらしていて、静かに座ることも、きちんとおはなしをきくこともできなくなっている。神経が荒れて、おとながしみじみと語りかけても、それをしっとりと受けとめることができなくなっている。

そういう状況のなかで、わたしがやっていることは、なんと無力なことかと思う。でも、これこそ人間の「根を養う」ことであり、人間を育てる「土壌を肥やす」ことであるという考えでやっている。

自立する人間をめざして

毎年のことではあるが、わたしにくる子どもたちの年賀状のなかに、わたしが紹介した詩についての感想がずいぶんある。「ときどき、詩華集を読んでます」とか、「いつも机の上に置いてます」とかいうのがある。つぎの年賀状は、いま教えている本郷治子さんのものである。

無着先生。先生からおそわった詩、とっても印象に残っています。なぜだかわかりません。だけど、なにか考えようとしたり、自分で決断しなくちゃいけない事件にであうと、先生からおそわった詩のどれかが、ふっと頭にでてくるのです。とっても不思議なんです。あと三か月、もっともっと教えてください――！

わたしは、このような子どもがおとなになったとき、自分の頭で考え、人間としてよろこぶべきときによろこび、悲しむべきときに悲しみ、怒るべきときに怒ることのできる、そういう自分自身の感情を素直に表現できる人間、自分自身の意志で行動し、何か発言するときも自分のことばでいう、そういう人間になるのだと思う。

そういう人間を自立した人間というのであり、わたしの詩の授業はまさにそれをねらっているといえる。わたしたちの校長・遠藤豊がしょっちゅういっていることばのなかに、「わたしたち明星の教育は『自由教育』ではなくて、『自由への教育』なのです。自立する人間をめざしての教育なのです」というのがあるが、それとおなじだ。

詩人の考えが風景をくしざしにする

「葦の地方」小野十三郎――と、詩を掲げておきながら、まえおきがながくなってしまった。

とにかく、この詩のどこに「詩」があるのか、それが感じとれる子どもであってほしいという願いをこめて、わたしは黒板に詩を書いた。それをノートに写しながら、九年生の子どもたちは、どんなふうに思ったのであろうか。

「『葦の地方』という詩をノートに写しているとき、まったく意味がわからなかった。私は、そこに書いてある風景さえ、頭の中にうかばなかった。『葦』なんていう植物のことは、名前は知っていても、どんなものか実物をまったく知らなかったからである」……姫野智華

「先生が黒板に書いている詩を写すとき、読めない漢字が多いし、ぜんぜん意味のわからない詩だ！ と思った。とくに、かんじんの『葦』という字が読めなかった。読めないのは私一人だけではなかったらしく、日高なんか、大きな声で『先生、そのクサカンムリの漢字、なんてよむの』ときいた。先生が『あし』と読んで、ふりがなをつけてくれたので、はじめて知った。先生は、『ほら、パスカルの、考える葦の、あの葦だよ』といった。そしたらまた、みんなが、『なに、それ？』といったので、先生は『うーん。それはあとで……』といって、詩のさきをかきつづけた。こんなぐあいだったから、この詩を全部書き写し終わって、一度、二度よんだだけでは、まったくわからなかった」……佐伯美歌

「書きながら読んでいる時は、なにがなんだか、ほとんどわからなかった。しかし、二回目、心をおちつけて、考えながら読んだら、草や木や虫などと、金属や石油や電気などとを対比しながら書いてるんだなとわかった。でも、作者は、その風景をぼくたちにつきだしているだけで、自分の意見をいってない。なぜだろう。そう思って、また心を集中させて読

んだ。この詩のどこに詩があるのか。そして、わかった。この詩人は、この風景を、われわれ読者にさしだすところに詩があるんだ。この風景をキミはどう見る！っていってるんだ。こういう風景をいろんなことのなかから切りとるということが詩なんだ。この詩人は、この風景を詩にしないではいられなかったんだ。たぶん、おこってるんだ。そして、かなしんでいるんだ。ぼくは、勉強はじめるまえ、そこまでわかった」……前沢太郎

「私は、詩にかぎらず、絵でも音楽でも、この詩のように線の太いのがすきだ。風景の美しさなどばかり書いた詩はどうもにがてだ。この詩のように、詩人の考えが風景をくしざしにしている詩がすきだ。だから、この詩は、先生から写しなさいといわれるまえに、もう、私のノートには写されていた」……浦野克人

わたしは、浦野君の、この感想を読んで、とてもびっくりした。「詩人の考え(思想)が風景をくしざしにしている」という表現にであったのは、これが最初だからである。「詩人の考えが風景をくしざしにする」ということはどういうことを意味するのか。何をイメージしてこういうことをいったのか。それは十分にはわからないが、それでも何かをズバリといいあてている気がしたのである。

「この詩は、いままで先生が紹介してくれたどの詩ともちがった作品でした。詩をうつしているとき、つかみどころがないというか、この詩人は何をいいたいのか、まったくわかりませんでした。かなしんでいるのか、よろこんでいるのか、いかっているのか。ただ『絶滅する』といい切っているので、それが、どうしたんだヨってききかえしたい気もちで

した」……久保田裕之

十四歳の子どもが、はじめてこの詩を読まされたときの感想を、五人に代表して語ってもらった。感情や思想を表面にださないで、事実だけで語っている詩がいまの子どもたちにどれほどむずかしいかが、よくわかっていただけると思う。こんなふうに、何かをきちんと書ける子どもは、まだいいほうで、「これ、なあに?」「こんなの、詩っていえるの?」「なにがなんだか、さっぱりわからない」と書いた子どもが圧倒的に多かった。

「物で語る」といったらいいか、「物をして語らしめる」という形式、たとえば、俳句などがそうだが、そういう形式のなかに流れている生命(詩)を読みとることのむずかしさをここでみたような気がした。それにつけてもよい授業をしなければならないと思った。

つまり、すばらしい詩人というのはすぐれた批評家であり、批判精神こそが現代詩の詩精神の中核となりうるものなのだということ。あるいは、自分の目にふれたもの、耳にきこえたもの、においとして感じたもの、味として訴えられたもの、なによりもかによりも、皮膚からせまるもの——そういう、自分をとりまく、あらゆる現象のなかから、これだけのものを切りとってきて並べて見せるということのなかに、その詩人の詩精神があるのだということをわからせたい。わかるように授業してみたい。そう思った。

自分の五官にとらえられるもののなかから、何を切りとってくるか。そのことが、その人間の、人間としてのレベルなのだから。現象(見えたもの、きこえたもの)に対して、どのように反応し、それをどのように判断し、だから、自分は何をなすべきかを決意し、どのような行動をおこすか、どのような言動をおこすか——そのような一連のプロセスのなかに、その詩人の人格というか、精神というか、それが実現するのだ。目に見える風景のなかには種種雑多なものがある。そのなかからなにをピックアップするか——ということが、その詩人の問題意識である。そこに、その詩人の思想と感情とが凝縮されている。そういうことをわからせたい。そうすれば、おのずからこの詩がわかってくる。

作者についてしらべる

この詩の背景

さて、授業をはじめるまえ、わたし自身は、この詩について、それから、小野十三郎という詩人について、最小限度の知識をとり込んでおいた。

まず、小野十三郎について。一九〇三年(明治三十六年)、大阪生まれ。したがって、一九八一年のいま、七十八歳のおじいさんであること。一九二六年、つまり、二十三歳のとき、第一詩集を出版したこと。第二詩集は一九三四年、三十一歳のとき。そして、この「葦の地方」がのっている第三詩集『大阪』は一九三九年(昭和十四年)、三十六歳のとき。つまり、この「葦の地方」という詩は一九三九年以前につくられたものであること。したがって、この詩は、現在の公害の諸問題などが論じられるようになる、はるか以前、第二次世界大戦前夜の緊迫した状況が背景になっており、軍需産業といわれた当時の重化学工業地帯の風景と時代の動向との接点で、作者の批判的認識が的確に表現されたものなのであるということ。この詩については、作者自身がつぎのように語っている。

「葦の地方」――わたしの創作過程……………小野十三郎

「葦の地方」と私がかりに名づけた場所は、私の居住していた大阪の周辺にひろがっている重工業地帯です。…中略…そのころ(一九三九年)は、大阪だけでなく、大都市の周辺にある工場地帯の風景は、まさに「葦の地方」で、荒漠とした大葦原の彼方に大工場の煙突や瓦斯《ガス》タンクや高圧線の鉄柱が遠望されるそんなところだったのです。おそらくそれは世界の大工場地帯に見る共通の風景だったでしょう。しかし、それだけのことだったら、「葦の地方」という同じ題とテーマで、九つの詩を連作をする必要は私にはなかっただろうと思います。詩を書きはじめたころから、私の美意識には、なにかしらドライなもの、非情なものに憧れるところがありましたから、物のかたちだけが際立って浮き立っている重工業地帯の風景に牽《ひ》かれたこともみとめねばなりませんが、これらの詩を書かせた動機の主たるものは、なんといっても、人間をいやおうなくその中に捲《ま》き込まんとする戦争です。戦争と重工業との関係の中に人間を置くという発想が、この時代の私の全詩作に見られます。わけても、それを最もストレートに(やや図式的ですが)示しているのがこの詩でしょう。…中略…

私がこの時代にいくらか自ら恃《たの》むところがある詩の書き方としたものは、一口に言えば、「物をして語らしめる」という方法であります。主情や主観の吐露をできるだけ抑さえて、言いたいことをすべて物自体(風景もその一つ)に封じ込める極端な客観的手法で詩を書くことを実行したのです。単に、言いたいことをまともに言えば、身が危くなるという配慮からだけではなく、物の中に自分の意志や感情を封じこめて提出する方が、訴追の方法としてより堅固不抜だとする考え方です。言語をもって表現する詩では、絵画のオブジェのようにはいきませんが、このころの一時期の作品には、可能なかぎりそういう状態に詩を持っていこうと試みているまったく無表情な作品もあります。「葦の地方」というこの詩も、これを書いているときの作者の心理的なニュアンスが、抒情的な言葉や形容で出ているところがあっても、あまり表情の豊かな詩とは言えないでしょう。固いですよね。言葉は歌うようには操作されていません。物と物とを衝撃させるような使い方がされています。…中略…

「葦の地方」という連作の最初の作品であるこの詩の言語構造を説明するとどうなりますか。

《遠方に

波の音がする。
末枯れはじめた大葦原の上に
高圧線の弧が大きくたるんでいる。
地平には
重油タンク。》
という前半は、太平洋戦争前夜における日本の大工場地帯の実景の描写ですね。種を明かしますと、私がそのころ時々出向いた尼崎の杭瀬から大阪湾の海岸にわたってひろがっている工場地帯の遠望です。中学を出たころ(大正十一年)、日本を訪れたオルダス・ハックスレーというイギリスの空想科学小説の大家が、阪神間の汽車の窓から、このあたりの風景を望見して、早くも「日本の将来はその真ならざる姿にかかっている」と予見したところです。私はそこを歩いてなにを予見したか。
《寒い透きとおる晩秋の陽の中を
ユーファウシャのようなとうすみ蜻蛉が風に流され》
ユーファウシャというのは、南氷洋の海中に浮遊しているプランクトンの一種で、私はいつかC・M・ヨングという人が書いた、プランクトンに関する研究書を読んで、なんとなくその名称にひかれてノートに控えておいたのです。それが形容語としてここで役立ちました。風にながされているとうすみ蜻蛉の、あるかなきかわからない小さな幻影は、顕微鏡下のプランクトンのミクロの世界に通じるというわけです。実際、この詩を書いたころは、工場地帯の葦原に行きますと、子どもたちが、とりもちをつけた竿を振って、とんぼ釣りに打ち興じている姿が見られたものです。しかし、この詩では、ここのところは実景の描写ではありません。想像の次元に浮遊する物の影であります。こうした屈折を経て

《硫安や　曹達や
電気や　鋼鉄の原で
ノジギクの一むらがちぢれあがり
絶滅する。》

という最後の言葉に達します。硫安、曹達、電気、鋼鉄は戦時重工業のイメージにつながる物であるとともに、それらを生産する場の実景であります が、ノジギクはどうでしょう。一むらとは一群落ということです。たしかにそれに類する雑草の白い花が葦原の中にも咲いていたように思いますが、はたしてノジギクだったかどうか、これもどちらかというと、そのときの私の想像的産物です。とにかく、私には、まさしく現実である重工業地帯の非情ともいうべき風景の中で、とうすみ蜻蛉やノジギクの花のようなかれんなものを絶滅させる理由がありました。それはなま

じっかなヒューマニズムや、庶民生活への同情ではいかんともなす術がない事態に自分がいま直面しているという自覚であります。したがって、この詩は一見、とうすみ蜻蛉やノジギクの側に立って、重工業の悪を告発しているように見えますけれど、発想の動機は、むしろそのようなかれんなものによって象徴される私の中にある一切の感傷を白日下にひっぱり出して絶滅させてしまいたいという願望だったと言ってよろしい。そして、そういう関係でもって、私が当時書きつづけていた「詩論」の骨子である思想・精神よりも物質を先行させる思想に、「葦の地方」というこの詩の構築は一致します。戦争へ戦争へと膨脹していく重工業があたりにかもし出す非情さ、風景の荒廃も、心魂をこめて歌う憂国の士の志にくらべたら、その非情さ、荒廃ぶりには未来がありました。私はそこに心のやすらぎをおぼえるときだってあったのです。できることなら、かれらをも、煙突や瓦斯タンクや高圧線の鉄柱がそびえている地平に連れ出して、その存在を消してしまいたかったのですが、かれらはとても微生物やとうすみ蜻蛉やノジギクにたとえられるような存在ではありませんでしたから、私にはそれは不可能だったのです。辛《かろ》うじて、私自身の中にいる感傷的な人間を一人、葦の地方の荒漠たる風景の中に拉《らつ》しきたって、その存在を稀薄化させることができただけであります。

……後略……――『国語の教育』一九七〇年八月号・国土社

ものが語る世界

作者は、「戦争と重工業との関係の中に人間を置くという発想」で、この時代の詩をつくったといっている。だが、この詩ひとつだけポッンととりあげてみても、戦争、それが要求する重工業、それらの非情さ、そのようなきびしい状況下におかれる人間――というふうに、ストレートに子どもたちにはわからないだろうなあと思った。しかし、私は、この詩人がのっぴきならない時間的な空間的な、息のつまりそうな状況というものを訴えようとしているということがわかればいいとも考えた。それがわかれば戦争ともつながるかもしれない。なぜなら状況そのものは、その人物(主体)をとりまく事物や自然のイメージがその人物の心情に投影してつくりだされる情景とちがい、その人物にとって逃げることのできない時間的な空間的な、そして、政治的な経済的なワク組みだからである。国家が人間を戦争へかりたてようとしているワク組みのなかで、この詩がつくられているということである。だから、それをわからせるためには、小野十三郎の第三詩集『大阪』のなかの、いくつかを読んでやる必要があるかもしれない。たとえば、《全山の蝉鳴きしきり／巨砲覆われて山間をゆく》(或夏の真昼の歌)とか、《重爆撃機が編隊を組んで都会の灰色の海の上を飛んでいる》(晩春賦)とか。もちろん、これだけでは反戦の詩であることを読みとることがむずかしいかもしれない。ならば、そのときは、第二詩集『古き世界の上に』のなかのいくつかを紹介しよう。ここには、「軍用道路」とか「軍馬への慰問」とかいうテーマで、いわば名指しで反戦を訴えている詩がいくらでもあるから。

さて、もうひとつ、作者が「この詩は一見、とうすみ蜻蛉やノジギクの側に立って、重工業の悪を告発しているように見えますけれど、発想の動機は、むしろそのようなかれんなものによって象徴される私の中にある一切の感傷を白日下にひっぱり出して絶滅させてしまいたいという願望だったと言ってよろしい」といっているところだ。ここがむずかしいところだ。作者の意図はたとえ、そうだとしても、この詩の作品構造それ自体が、弱いものと強いもの、自然と人工的なもの、小さなものと大きなもの、そういう「物」の対立で描かれている以上、そういう「物」が語ってくれるので、作者の思いどおりにはいかないかもしれないとわたしは思った。もちろん、これもやってみなければわからないことなのだが。あるいは、《絶滅する》という最後の一句が意外な力があるのかもしれない。自分の内部にあるいっさいの感傷的なものが絶滅し、冷厳な事実だけがそこにある。そうすると、この詩はもう一度反転して、だからこそ、反戦を心魂こめて歌っているのだということになる。《絶滅》を肯定しておいて、なおかつ《絶滅する》ということである。

《絶滅する》のか——いや、絶滅しない、というのではなくて、そうだ、絶滅するのだ。絶滅しても絶滅しても絶滅するのだ、ということになる。そうすれば、絶滅が現象と人間とのあいだで永久にくりかえすことになる。

とにかく授業をはじめよう。

本質をえぐりだし、時代を超える

「早春」を読みとる

「さあ、みんな写したか。まず、読めない字があったんでは、詩の勉強は始まらないんだよね。読めない漢字にはふりがなをつけなさいよ。わたしが読むから」

そういって、まず「葦の地方」という題を読む。《葦》は「あし」と読んだと話してふりがなをつける。それから、「じつはね」といって、みんなを見わたし、こういった。

「小野十三郎は、この『葦の地方』という詩のまえに『早春』という詩をつくってるんだ。そこでは、この漢字に《よし》とふりがなをつけて、《あし》と区別してるんだ。小野十三郎は《葦》は《よし》で、《あし》は《蘆》と書いてるんだ。その詩をちょっと読んでみるからネ」

早春……………小野十三郎

ひどい風だな。呼吸《いき》がつまりそうだ。
あんなに凍ってるよ。
鳥なんか一羽もいないじゃないか。
でもイソシギや千鳥が沢山渡ってくると言うぜ。まだ早いんだ。

広いなあ。
枯れてるね。去年もいま頃歩いたんだ。
葦《よし》と蘆《あし》はどうちがうの?
ちがうんだろうね。何故?
向うのあの鉄骨。どこだ。
藤永田造船だ。駆逐艦《くちくかん》だな。
澄んでるね。
荒れてるよ。行ってみよう。

「やっぱり、この詩もおなじ場所をうたってるんだ。二人の会話を詩にしたようでもあるし、自分に自分が語りかけているような詩でもあるね。勉強してみないとよくわからないが、このなかで、《あし》と《よし》はちがうんだろうねといってるところがありますネ。たぶんこれは、この詩人が、この風景、つまり、向こうに見える藤永田造船所や海に浮かぶ駆逐艦を見て、心のなかであるひとつの心の動き——感情があって、それに対する判断と評価をあたえるために、《葦》と《蘆》をちがうんだろうねといって、すぐさま、どうしてそんなことが問題になるの? ときいてるんだ。ちょっとむずかしいかなあ。

いいかい。この詩人は、大葦原に立ってるって想像してごらん。そこから、自分の目に見えるようすのことを風景っていうんだ。その風景のなかから、その詩人の心に訴えたものをピックアップし、あるひとつの感情的な評価を加えたもの——心をとおって目に見える風景とでもいったらいいかな、そういうのを情景というんだ。さらに、その情景を決定的なものにする歴史的な、時間的な、空間的な、のっぴきならない条件を、状況というんだ。だから、どんな詩でも、その作品は、ひとつの作品として独立しているけれども、だけども、その作品がつくられたときの歴史的な地理的な、つまり、どんな時代的背景をもってつくられたかが問題になるんだよ。

たとえば、きみたちは、一人の人間として独立しているけれども、一九八一年という時代の、日本の子どもであるということなんだ。一人の人間なんだけど、時代の子なんだ。時代の子なんだから、いまという時代——たとえば、イラン・イラク戦争だとか、ポーランドの労働者や農民がダンアツされているだとか、日本はもっと軍事予算をたくさんとれとアメリカからいわれているだとか——の本質をするどく見ぬき、それをえぐりだしたとき、時代をこえた永遠性のある人間のいとなみが実現するんだ。むずかしいか。むずかしくないだろう。きみたちは時代の子として、時代と深く切り結び、時代の本質をえぐりだしたとき、時代を超えるといってるんだよ。明星学園だっておなじですネ。いまは内部進学問題(明星学園の中学生は、希望すれば、全員、高校へ進学できた。それが、内部進学予備テストを受験して、そこである程度の点数をとらなければ進学できなくなるという事件)がある。この問題と一人一人がどのように切り結ぶか、そのことで、自分がテスト体制とか、受験体制とかという問題をのり越えることができる。時代的な状況との緊張した関係のなかから、時代を超えるものができるという点ではみなおなじなんだよ。

だから、この詩がつくられたのは昭和十三年の早春だということ。海辺には造船所、そして、海には駆逐艦。『晩春賦』になると、《重爆撃機が編隊を組んで都会の灰色の海の上を飛んでいる》という詩になり、そして、いまから勉強する『葦の地方』の季節では……」

「あし」と「よし」のちがい

「『葦の地方』の季節は、いつだ?」

「晩秋」

「そうだ。晩秋だ。だから、昭和十三年のいまごろの季節と考えていいんだ」

ここまで一気にしゃべって、

「それで、《あし》と《よし》はちがうんだろうね、といってるんだ。わたしも、ちがうのかなと思って、植物学者の柳宗民先生にきいたり、牧野富太郎の植物図鑑で調べてみたんだ。じつはおなじものなんだ。《蘆》というのは漢名なんだ。おなじものなんだけど、日本では《あし》は《悪し》になってしまうから、《よし》といってるにすぎないんだ。おなじものを、そんなつまらないことでいいかえて異をとなえ、戦争を構えている——そういう状況として駆逐艦がある。そんな理由でなんで戦争などしなくてはいけないのか! というのが、この詩の意味なんだネ。わかった」

「わかんない」「ぜんぜんわかんない」

「そうだろうなあ。それじゃ、きくよ。明星学園の小・中学校と、高等学校はおなじなの？　それともちがうの？」

「…………」

「おなじ学校だといってるから、おなじなんじゃない⁉」

「バーカ。おなじなことあるもんか！」

「おなじものなんだよ。だけど、ちがうんだよ」

「おなじものだったら、内部進学のことで、あんなゴタゴタおきるわけないじゃない！」

「ああ、わかった。それで、《葦》と《蘆》は《どうちがうの？》ってきいたのに対して、《ちがうんだろうね》と答えておいて、それから、どうしてそんなことときくんだい？　と逆に質問してんだネ」

「よおし、そのとおりだ」

「すると、《ちがうんだろうね》といういい方のなかには、日本と中国がこんな戦争をするくらいだから、という思いがはいってるんだネ」

「うん。すごいなあ。そう読まなければ、この詩は読みようがないだろうネ」

「ああ、だから、ひどい風なのか」

「うん。だから、呼吸がつまりそうなのか」

「状況は凍りついてんだネ」

「よしよし。きみたちは、昭和十三年の日中戦争のさなかに、日中戦争に反対だ——つまり、戦争に反対するという気持ちでこの詩がつくられているんだということがみごとにわかったんだ。つまり、この詩は、そういう状況を投影しているんだ。投影ってわかるネ。数学のことばだよ。しかも、戦争反対なんて一言もいわずにね。だから、この詩は時代の詩なんだ。ところが、この詩を、明星学園におきかえて、そのなかに立っている九年生の自分——というふうに見てくると、まるでぴったりなんだ。ということは、この詩はやはり、物事の本質をえぐりだし、時代を超えているからなんだなあ。まあ、それはいい。きょうは『早春』をやるんじゃなくて、『葦の地方』だからな。

《よし》か《あし》か。よし・あしから『早春』という詩に深入りしてしまったが、このはなしで、『葦の地方』という詩の時代的な背景もでてしまいましたネ。それじゃ、また、もどって、また、《あし》のはなしにいこう」

ことばを吟味する

大葦原とは？

「葦、みたことないひと」

ほとんど全員、手をあげる。

「うわあ。全員か！　それじゃ、いつか、大葦原を見せにつれていかないといけないなあ。いま、日本でいちばん大きな葦原は、栃木県の藤岡町にある遊水池なんだ。渡良瀬川が利根川に合流するあたり。古河市のちょっと北」

「あ、わかった。あの公害の村」

「そう、なんていう村だった」

あわてて地図をだそうとする子どもがいる。「うん、地図をだして調べてごらん」という。

「でも、地図にはその村の名まえはもうのってないかもしれないなあ」

そういっていたら、

「谷中村」

「ン」

「田中正造！」

「そうだ。よく知ってたなあ、赤川君！」

中学三年ぐらいになると、こういうことにひじょうにくわしい生徒が一クラスに一人か二人はかならずいる。赤川君もそのうちの一人である。赤川君は、歴代天皇の名まえも全部いえる生徒である。それはそれとして、

「谷中村は渡良瀬川の鉱毒事件、つまり、公害のため、村全体が遊水池にされてしまったんだ。そのため四キロ四方ぐらいのひとつの村が完全な葦原になってるんだなあ。もちろん波の音はきこえないけどね」

「ところで、葦が問題だネ。だれも葦を見たことないのではしかたがない。みんな芒《すすき》なら知ってるネ」

「知ってる、知ってる」

「芒も葦もおなじ『いね科』の植物だから仲間なんだ。だから、よく似てるんだけどね。葦は芒よりも倍ぐらい背が高いんだ。芒は一メートルから一メートル五十ぐらいだけど、葦は二メートル五十ぐらいから三メートル以上もあるんだ。太さも、このエンピツぐらいあって、竹みたいにかたいんだ。いちばんちがうところは、芒は乾いたところに生えているのに、葦は湿地帯に生えているんだ。沼地だとか、川岸だとか、海岸だとか。だいたい大葦原っていうの想像できましたか」

「うん。だいたいね」

「遠方に波の音がする――っていうんだから、葦原のどのへんにいるんだろう、この作者は?」

「葦原のどまん中」

「海岸と自分とのあいだに葦原があるんじゃないの?」

「千倉(千葉県の外房海岸)なんかでもそうだけど、人が住める陸地っていうのあるじゃない。そこから一段ひくくなっていて、海岸まで人が住んでないところあるじゃない。ああいう場所が葦原なんでしょ。そういう葦原の陸地よりに立ってるんじゃない」

「そう、そう。そうだと思う」

「うん、絵に描いてみれば、人が住んでいる陸地と、波打ちぎわというのかな、それが三キロも四キロもはなれていて、詩人は、まあ、海のほうを眺めて、このへんにいるんでしょうネ」―板書

大葦原の風景

「それではつぎの《末《うら》枯れはじめた大葦原の上に》の《末枯れ》ってどういうこと?」

「葦の葉のさき、てっぺんのほうから枯れるっていうことでしょ」

「うん。そうだ。だけど、どうして、木の枝のさきだとか、葉のさきだとか、てっぺんのほうを『うら』っていうの?」

「…………」

「ほら、木という漢字をみてごらん。―木の根に近いほうを指して―このへんは本《もと》というんでしょう。―板書。木のてっぺんのほうを指して―このへんのところを末といったんでしょ。―板書―草や木の根に近いほうを『本《もと》』、根から遠いほうを『末《うら》』というんだよ。いいね」

「なーるほど」―笑い

「だから、本《もと》も末《うら》も、指事文字です。木は象形文字ですね」

「わかった」

「つぎの《高圧線》はわかるね。高圧線というのは何ボルト以上なの?」

「三百ボルトを超える送電線」

「うん。そういう電圧を必要とするのは?」

「工場」

「そうですよね。家庭へは、百ボルトしか流れてきませんからね」

「《弧が大きくたるんでいる》。弧というのは?」

「円周の一部分」

「そうなんですよ。鉄塔から鉄塔のあいだで高圧線が長くて大きくたるんでるんですね。そういう風景、一度も見たことない人は? いないね。いたら屋上から眺めてごらん。あのドンドン山あたりずいぶん高圧線がはしってるから。鉄塔から鉄塔までのたるみを弧といってるんですね。それじゃ、円周の二点間の直線は?」

「弦」

「うん。いいね。つぎ、《地平には/重油タンク》。地平というのは?」

「陸のほうから葦原のほうを向いて海までの風景を眺めてるんだろ。だから、地平線のことだよ」

「重油タンクっていうのみたことない人?」

「……………」

「いないね。直径何メートルぐらいあるのかなあ」

「直径三十五メートル。高さは二十メートル」

「うわあ、よく知ってる」

「うん、よく知ってんなあ」

《寒い透きとおる晩秋の陽の中を》」

「晩秋だから空気がすんでいるんだ」

「晩秋の太陽の光のなかを、何か動いてるっていうんだろう」

「陽の中にじゃなくて、陽の中をというんだから移り動く空間という意味だ」

「そうだ、そうだ。えらい！　その空間のなかを、ユーファウシャのような、というんだから、これは？」

「たとえだ」

「うん、たとえのなかでも……」

「直喩！」

「そうだ、直喩だ」

「ユーファウシャというのは南氷洋などにいるプランクトンのことらしい。浮遊動物だ。顕微鏡でやっと見えるような小さな動物。波に流されて生きているカニの卵や、エビの卵、海草のタネ、さまざまなものがまじってるらしい。だから、ここはどうなるのかな？」

「とうすみ蜻蛉ってどんなとんぼ？」

「とうすみ蜻蛉というのは、ロウソクの芯といったらいいかな、燈芯みたいなというので、とうしみとんぼともいうんだ。糸とんぼのことだね。だから、小さなとんぼだ」──板書して絵をかく

「ああ、わかった。糸とんぼが、ユーファウシャみたいだっていうんですね」

「逆じゃないの。ユーファウシャみたいな糸とんぼが風に流されているっていうんじゃないの」

「おなじでしょ。波に流されている小さな小さな目にも見えないくらい小さなプランクトンに、糸とんぼがまるでにていることをいってんでしょ」

工場とノジギク

「よしよし、すこし中身にはいりすぎたから、またあとでやるから、わからない単語をまずはっきりさせておこう。つぎは、硫安だな。硫安てなんだ」

みんないっせいに国語辞典をひく。

硫安――→りゅうさんアンモニウム――アンモニアを硫酸に吸収させて製する白い結晶。化学肥料の一つ。

「よおし。じつはな。硫安というのは金肥といって、農民が農協から買って田や畑にいれる肥料なんだ。こういう化学肥料や農薬というのは、戦争のための準備と並行して発達してきたんだ。有吉佐和子の『複合汚染』という小説にくわしいよ。読んだひと?」

何人かいた。四組では佐藤美貴子。

「つぎは、曹達だな」

曹達――字引きをひいて、「書いてない」「書いてない」という。「それじゃ、苛性ソーダをひいてごらん」という。

「あった、あった。水酸化ナトリウム。食塩の水溶液を電解したりして作る。白色でもろく、結晶しない。強塩基で、石けん・パルプ工業などに使う——と書いてあるよ」

「よし。いままでてきた単語を調べるとますますわからないことがでてくるから、それぐらいにして、つまり、ここに、硫安や、曹達や、電気や、鋼鉄——と並べてあるもの、これはなんだ。なにを意味するんだ」

「工場」

「工業製品」

「人間がつくりだしたもの。自然には存在しないもの」

「化学生産物」

「よしよし。どれもまちがってはいない。すると、つぎ、ノジギクっていうのは?」

「…………」

「先生。やっぱり字引きに書いてないよ」

「うん。これはカタカナで書いてあるけど、漢字で書けば、野路菊となるんだ。じつは瀬戸内海沿岸にしかない野菊の一種で、兵庫県ではこの花を県花としてるんだよ。その《一むら》というんだから、一群だね。それが、《絶滅する》というんだ。絶滅というのは?」

「絶え滅びること」

「完全になくなること」

「そうだ、完全になくなるといってるんだ。なにがなくなるんだ」

「ノジギク」

「そうだ。どうしてだ」

「…………」

物質を詩に構築する

風景を読みとる

「ン、この一句はむずかしいネ。それじゃ、いまから中身にはいるぞ。まず、この詩は風景で何かを語っているんだから、風景が頭に思い浮かばないとダメだネ。だから、この詩を絵に描くとすればどうなるかな、と考えながら味わうといいんだよ。それから、この詩を十分に味わうためには、この舞台が現在の阪神工業地帯であるということ。それから、この詩は昭和十四年の元旦につくられたんだけど、詩そのものは昭和十三年の晩秋という設定であるということ。そのことの意味は、昭和十二年七月七日から日中戦争にはいっているということだね。

それからもうひとつ、瀬戸内海から大阪湾へ舟で近づくと、神戸あたりから大阪、堺あたりまでの海岸線は大きな葦原だったんだ。それで『古事記』という書物。知ってるね。あの本のなかには、《豊葦原の水穂の国があるから、お前たちはそこへ行って、よい国、美しい国にしなさい》ということばがあるんだ。豊葦原の水穂の国というのは、葦が豊かに生えるほどにもよい水がたくさんあるそういう国だ。つまり、稲がよく育ち、お米がどっさりとれる国だ、そういうところだ——という意味なんだよ。『古事記』にはそういうことばのほかにも、《葦原《あしはら》の中国《なかつくに》》とか、《大八島《おおやしま》》とか《秋津島《あきつしま》》とかでてくるんだ。それらはみな、日本の国と自然をほめたたえたことばなんだなあ。小野十三郎がこの『葦の地方』という詩をつくるとき、『古事記』のなかのそういうことばを思い浮かべなかったはずはないし、かりに思い浮かべなかったにしろ、大昔から日本はそういわれていたことを知らないはずはないいんだ。だから、きみたちも、この詩を読むとき、そういうことを知っていて、そういうことを忘れて無心になって読むことがたいせつなんだ。知っていて忘れるということが詩を読むコツなんだよ。では、いくぞ!」

遠方に
波の音がする。
末枯れはじめた大葦原の上に
高圧線の弧が大きくたるんでいる。
地平には
重油タンク。

「まず、ここまでの風景を頭に思い浮かべよう。《遠方に／波の音がする》。みんな、ちょっと目をつむってごらん」

「…………」

「小学校のとき千葉県の千倉の寮で臨海学校やったネ。あのとき、昼寝をしたでしょう。昼寝のとき、波の音が大きく聞こえたよね」

「…………」

「あの音、目をつむっているきみたちの耳に、いま、聞こえてきたかな？」

「…………」

「うん。あの音、潮騒―板書―っていうんだ。波がそのままでは音はしないんだ。海岸でくだけるとき、音がするんだ。それが遠くに聞こえるっていうんだ。だから、海岸までは……」

「遠い」

「ン。この詩人が立っているところから海岸まではだいぶ遠いんだよな。千倉だって、千メートルか、それ以上はなれているんだけど、あんなに大きく聞こえるんだものな。だからここは、作者が立っているところから波打ちぎわまで千メートルぐらいあると考えてもいいだろうなあ。そこがずっと葦原になってんだ。その葦原は……」

「末枯れてんの」

「そう、末枯れてるんだネ。色は？」

「茶色」

「茶褐色！」

「そう。茶色あるいは茶褐色だネ」

「先生！」

「なんだ」

「セピア色っていうのは、どう？」

「ン、セピアか。茶色のちょっと濃い感じ、茶褐色、セピア。まあ、そういう感じだろうな。さて、そのつぎ《高圧線の弧が大きくたるんでいる》。これはわかるなあ。この高圧線はどっちから、どっちへ行ってるんだ」

「陸のほうから海岸のほうへじゃない!?」

「だってさ、右後方から左前方にのびてるっていうこともあるしさ……」

「ぎゃくに、左後方から右前方へのびてるっていうこともあるだろう！」

「ン。そこは、自由に空想していいんだ。なにも書いてないんだから。作者のうしろから前方へであろうが、右後方から左前方へ、左後方から右前方へ。それは自由に空想していいんだ。自由でないのは、陸のほうから海岸のほうへ向かって高圧線がのびているっていうことだ。それはなぜ」

「重工業地帯が海岸のほうへできかかっているから」

「そうだネ」

「だから……」

「だから、《地平には／重油タンク》なんだネ。わかるか?」

そういったら、みんな、「うん、わかる、わかる」という。

「海岸近くに重油タンクがどしんとある。海は見えるのかな?」

ここで、「見える」というひとと、「見えない」というグループにわかれた。

「見える」というグループは、「千倉の場合でも、松林よりも高く、コンクリート五階のホテルよりも高く海が見えるじゃないか」というのだった。

「見えない」というグループは、「いや、あれは自分が高いところにいるから、海は海岸の建物よりも高く見えるんだ。この詩人が立ってるのは海岸とほとんどおなじ高さの葦原だろう。だったら見えないはずだ」。

「いや、そうだとしたって、重油タンクのあいだや両わきには海が見えてるはずだ」

こんな議論になった。そこで、この詩は、海岸とほとんどおなじ平面。つまり、海抜ゼロメートルからせいぜい二メートルぐらいのところ、だから、重油タンクの両わきや工場のあいだからチラチラと海が見えるかもしれないし、見えないかもしれない。そんなすれすれのところだと空想していいんだろうということでケリをつけた。さて、

――地平には
　重油タンク。
――

「これはどうだろう。二行になっていて、しかも、《重油タンク》と名詞止めになっている。これはなにを表現してんだろう?」

「先生。これは、地平線に、いかにも重油タンクがデンとすえられているという感じをだすためじゃないの」

「先生。これは、人間を寄せつけない感じで、重油タンクがすえられているという感じじゃないの」

「ンン。人間の感情を寄せつけない感じで、デンとすえられている——というのはいいなあ。つぎにいこう。つぎは、一気に、最後までつづいてるんだね」

——ノジギクは絶滅させられる
　寒い透きとおる晩秋の陽の中を——

「この情景、わかるかなあ。わかるよねえ」

「晩秋というんだから、いまごろでしょ」

「ン、いまは十一月だから、もう、ちょっとまえですが、ま、こんなふうな—といって窓の外をみて—澄んだ空気と似てるでしょう。だから、寒くて、透きとおるような、晩秋の太陽の光のなかを……」


——　ユーファウシャのようなとうすみ蜻蛉が風に流され——

「この一行は、わかるかな?」

「ユーファウシャってプランクトンなんでしょ?」

「そうだ。だから、ユーファウシャのような——とたとえた意味がわかるかなっていってるんだ」

「…………」

「ユーファウシャっていうの、顕微鏡でみて、やっと見えるくらいの小さなものって、さっきいったでしょ。そうすると、とうすみ蜻蛉も、小さいもの、目に見えるか見えないくらいに小さいものっていう意味じゃないですか」

「それもあると思うけど、やっぱり、自分でどこかへ行くということができなくて、波の動くのに身をまかせているのがユーファウシャなんだから、とうすみ蜻蛉も自分の意志で動くことのできないちっぽけなもの、風に流されるよりほかにしかたのないものっていう意味じゃない」

「先生、先生。これ、たとえば、そういう人間のことをたとえてんじゃない! 弱い弱い人間のことをさ」

「…………」

「あっ、そうかあ。時代の波に流されて生きている日本人のことといってんのか。そうですか、先生?」

わたしは、ここで、うっとつまってしまった。

「うーん。人間、あるいは、日本人を頭にえがいていっているのかどうか。それは何も書いてないんだから、読む人の自由でいいと思うんだ。ただ、ここで大事なことは、《ユーファウシャのような》というんだから、顕微鏡で見てやっと見えるくらいちっぽけで、波に流されて生きるよりしかたのない存在に似たとうすみ蜻蛉ということはいえると思うよ。だから、その時代の波に流されながら生きていくよりほかにしかたのない人びとは、やっぱり、時代の風に流されている——と読んでも、けっしてまちがいではないと思うよ。けれども、それは胸のなかにしまっておいて、とうすみ蜻蛉が風に流されて、晩秋の陽の中で、あるかないかわからないくらいな状態でちらちら見えるということにしておこうよ。そして、まえにすすもう」

——

硫安や　曹達や

電気や　鋼鉄の原で

——

「これは？」

「人工的なもの」

「人間がつくりだしたもの」

「科学文明」

「そうですネ。そういう、人間がつくりだした一連の科学文明によって、つぎ」

ノジギクの一むらがちぢれあがり
絶滅する。

「どこで、絶滅するの?」

「硫安や、曹達や、電気や、鋼鉄の原で」

「ソ、だから、人間がつくりだした科学文明で、ということでしょう、先生!」

「先生、硫安や、曹達や、電気や、鋼鉄の原で、っていうけど、ほんとうは、そこは葦原だったんじゃないの?」

「そうだよ。葦原が、硫安だとか、曹達だとか、電気をおこすための火力発電だとか、鋼鉄だとかに占領されてしまって、それで、ノジギクは絶滅するっていうんじゃないの」

「そう。いいですか。いまの意見」

「いいです」

「そうすると、まず大葦原を頭に思い浮かべてくださいよ。そこへ人間が工場をつくりますね。どんどん工場ができていきますよ。そうすると、その大葦原で生きていた、あるいは花を咲かせていたノジギクが、どうなるんですか?」

「ちぢれあがって、絶滅する——の」

「うん。そのことが、なぜ、詩になるんでしょう?」

「………」

「…………」

「先生、この詩人は、そのことを悲しんでるんじゃない」

「そう。悲しんでるんだとぼくも思う。先生、どうなの?」

「ノジギクが絶滅する――といい切っているのは、その事実に悲しんでるんだという意見がでましたが。もっとほかに意見ありませんか?」

「それあ、悲しんでいるっていうこともあるけど、でも、《絶滅する》ときっぱりといい切ってるのは、この事実をキミはどうみるか! と読者に訴えてるんだと思うなあ」

「うん。ほんとうは、腹を立ててんのとちがうか」

「そうだよ。腹をたててんだよ」

「おこってんだよ。この詩人!」

「…………」

「先生。先生の意見はどうなんですか?」

「うん。わたしも、あなたたちとおなじように悲しんでると思う。そして、怒ってるんだと思うよ。でも、まだちょっとひっかかることがあるんだ。それは、この詩は昭和十三年の晩秋のことですよネ。だから、人間がつくりだした科学文明が、大葦原、つまり、自然を破壊していく――ということだけではないような気がするんだ。そのころは、まだ公害の問題とか、一九七〇年になってからさわがれだした産業社会の自然破壊などとかは問題になってなかったんだから」

「先生。そんなら、この詩人はいまから四十年もまえに、いまの公害の問題を予言していたことになるんじゃないですか？」

「うん。本質的にはおなじだと思うけど。だけど、昭和十三年、十四年というのは、日中戦争がどんどん拡大して太平洋戦争に突っこんでいく、そういう前夜だったんだ。そういう状況のなかで、日本は何が必要だったんでしょうかね」

「武器」

「弾薬」

「戦車」

「…………」

「そうそう。そうすると、この大葦原を占領していく、産業は、何産業っていうの？」

「…………」

「わかんないよ、先生。そんな産業あるの？　教えてよ」

「よしよし」

そういって、〈軍需産業《ぐんじゅさんぎょう》〉と板書する。

「ちょっと、字引きひいてごらん」

「先生。軍需って書いてある。民需の対。軍隊・戦争などのために特別な物資をつくりだす産業」

「そう。そういう産業を、どしどしつくっていく、というのが、この詩ができた背景に流れているものなんだ。だから、国民の大部分が、そういう政府の方針の風に流されて、批判をするひとなんかほとんどいなかったのだ。そういう状況だから、大葦原をつぶして、戦車工場をたてたり、大砲工場をつくったりすることをだれも疑わなかったのだ。だから、ノジギクが絶滅することなんかあたりまえだった」

「ノジギク、かわいそう！」

「そうそう。ノジギクは、とってもかわいそうだったんだ。軍需産業にふみにじられて、ちぢれあがって、絶滅していったんだ。そのとき、ノジギク、かわいそうという気持ち、そういう気持ちをもつことさえ、非国民！　といわれて、許されなかったんだ。つまり、戦争というものに、そのような、ノジギクに対する思いやりだとか人間的な感情だとかをすべて——絶滅させられたんだ」

「…………」

「だから、この詩人はだんことして《絶滅する》と書いたのは、事実、ありのままを書いたんだけど、ほんとうは、《絶滅する》ではなくて……」

「わかった。《絶滅させられる》という受け身の気持ちなんだ」

「ああ、《絶滅させられる》と書いちゃうと、ノジギクに対する同情が表現されるので、わざと《絶滅する》って書いたのか。《絶滅させられる》って書くと、絶滅させられることに反対だという気持ちがわかってしまい、この詩人は、反戦詩人だとわかっちゃうからかあ」

「よし、よし。いろんなわかり方があっていいんだ。ただ、わかっていなければいけないことは、この詩は、自分の五官に感じたことをありのままだす——という形式で、詩人自身の思想を心の奥底に秘めてつくられているということは、わかって読まなくちゃいけない。そのうえで、まとめると、どうなるかな」

「…………」

自然が滅ぼされていく

「まず、詩人は、どこにいるの？」

「大葦原のなか」

「うん、そこに立って眺めてるんだね。それで、季節は……」

「晩秋」

「晩秋の大葦原のまっただなかに立って、自然が絶滅させられていくのを見ている」

「うん、いいけど……」

「先生。いまの意見とおなじだけど、つけ加えてもいいですか？」

「どうぞ」

「晩秋の末枯れはじめた大葦原に、この詩人がたたずんでいるのよね。そして、そこで、自然といったらいいか、とうすみ蜻蛉とかノジギクとかいう生物を、人間がつくりだした物が、押し流したり、絶滅させたりしているのを眺めてるの。眺めてるっていうだけなら問題ないんだけれど、こういう詩につくったということは、それを告発してるんだと思うの」

「よおし。この詩人は、波の音を聞きながら、葦原のまっただなかで、晩秋の風景の美しさに見とれているというようなことじゃないんだネ。考えこんでるのかもしれないね。考えこんでるとすれば、何を考えこんでいるのでしょうね」

「先生、人間がつくりだした科学文明が、この場合、戦争がといったほうがいいと思うけど、ノジギクを絶滅させる——ということから、結局は、人間をも絶滅させてしまうのではないかということを考えてるんじゃないの？」

「うーん」

「だって、先生。人間だって、生きものなんでしょ」

「そうだよ、先生。硫安だとか曹達とかだけでなくて、戦争だって人間がつくったものだろ。ノジギクが絶滅するっていうのは、人間が絶滅するっていうことだよ、先生」

「よおし。そこまで深く読む必要があるかどうか、わたしにもわかんないけど、つまり、晩秋の大葦原を眺めながら、美しい大自然が人間の手によって情け容赦もなく滅ぼされていく。それを見ながら深く人間というものを考えているといっていいね。これでいいのだろうかという気持ちがひじょうに強くうたわれている。訴えられている。だから、この詩はすごい詩になってるんだね」

「…………」

「それから、ノジギクが絶滅するって、悲しいことでしょ。そういう悲しいって思う気持ちも絶滅するっていうこと。現実はそれほどにきびしいということもいってるんだ。それじゃ、だれかに朗読してもらって、おしまいにしましょう」

どの教室でも二人ずつ読んでもらったが、授業をはじめるまえとは、まるでちがっていた。

戦争が人間を滅ぼす

子どもたちの感想文から

さて、「葦の地方」を勉強して、子どもたちの感想はどうだったのだろう。

●…………石田考……九年

《遠方に／波の音がする。》
ここまで読んだとき、何か美しい自然描写の詩かな、と思った。ら、
《末枯れはじめた大葦原の上に
高圧線の弧が大きくたるんでいる。》
ときて、急にイメージが変わってしまった。イメージを変えてしまったことばは、《末枯れ》だった。《末枯れはじめた》ということばがなかったら、イメージはまだ、美しい自然描写のつづきと思っただろう。そして、
《地平には

重油タンク。》
である。ここまできてぼくは、美しい自然と、人工的な物とを対比しているんだということがわかった。
《寒い透きとおる晩秋の陽の中を》
というのは、《ユーファウシャのようなとうすみ蜻蛉が風に流され》ている空間的な状況で、つまり、ユーファウシャのように小さくて、見えるのか見えないのかわからないような、しかも、波に流されて生きるよりほかにしかたのない生き物とおなじようなとうすみ蜻蛉が風に流されている空間。それが《寒い透きとおる晩秋の陽の中》なのだ。そういう状況のなかで、とうすみ蜻蛉が風に流され、ノジギクは絶滅するのだ。
最後の《絶滅する》の一行を読んだ時は、ぼくはドキッとした。《硫安、曹達、電気、鋼鉄》などということばが出てきて騒々しくなったと思ったら、《ノジギク》などという耳慣れないことばがでてきて、そして《絶滅》だった。
ノジギクとは、瀬戸内海沿岸にしか咲かない特別の花で、兵庫県の県花だということを先生からきいて、ははあ、とわかった。ノジギクとは、兵庫県民、ひろくは日本人、つまりは人間をシンボルしているのだ。
ぼくは、はじめ、この詩は、公害の問題をうったえているのかなと思った。ところが、授業を受けてみると、公害が問題になるずっとずっと以前、ぼくたちがまだ生まれるまえ、昭和十四年の元旦につくった詩であるということがわかった。戦争が日に日にはげしくなり、その流れに流されて、日本中の人が、戦争へ戦争へと流されていく。戦争のための軍需産業がどしどしできていく。

その足元で、ノジギクが絶滅する——というのだった。人間がつくりだしたもの、硫安や、曹達や、電気や、鋼鉄が、ノジギクを絶滅させ、おなじように、人間がつくりだした戦争が人間を滅ぼしていく。そのことを、みんなにうったえている詩だとわかったとき、ぼくは感動した。詩人というのはすばらしいと思った。

●……橋本想……九年

感想でいいんでしょ。先生。

この詩。昭和十四年の元日に書かれたものだって、先生から聞いたとき、エッ、ホント！　ウソッ！　と思った。だって、まるで現代のことを書いているみたいじゃない。人間がつくりだす科学文明が、どんなふうに自然を破壊していくか。それに対して、作者は、どう思っているか。そういうことがテーマになっているといったって、間違っていないでしょ。

昭和十四年の元日といえば、いまから四十二年もまえだ。その頃、もう、当時の日本に、こういう公害のきざしが見えたのだろうか？　それとも、作者の直感で、作者だけが「公害」を感じたのだろうか。そうだとしたら、小野十三郎という人はすごい人だ。まるでノストラダムスの大予言みたいだ。ぼくは、この詩が、昭和十四年の元日につくられたのだときいたとき、まず、そんなことを思った。

でも、勉強がすすんで、この詩のつくられた背景には、十五年戦争があり、二・二六事件（一九三六年）、蘆溝橋事件（一九三七年七月七日）というふうに、戦争へ戦争へと日本国民をかりたてていく状況があったんだとわかったとき、ひじょうによく、「わかった！」と思った。

高圧線、重油タンク、硫安、曹達、電気、鋼鉄。こういう品物は、人間がつくりだした科学文明をシンボルしている、というよりは、戦争を拡大していく武器、弾薬製造の拡大をシンボルしているのだ。

そして、とうすみ蜻蛉は、戦争の渦にまきこまれて、流されるよりほかにしかたのない弱い人間をシンボルしているのだ。

そして、野路菊とは、戦争に反対して、「そこ、戦争につかうのだから、どけ」といわれても、その土地を動かないで抵抗する人をシンボルしているのだ。だから、それは、権力の手で、絶滅させられる。

こういう内容なのだ。これは、反戦の詩だ。そういうふうにわかったとき、ぼくは、ものすごく感動した。

この詩は、人間の世に戦争があるかぎり読みつがれなければいけない。

この詩は、戦争だけでなく、人間の手でつくりだした科学文明が自然を破滅していくことをもシンボルしている。そして、ついには、人間を滅ぼしていくことをいっている。

だから、人間は何をしたらいいか。小野十三郎はそういって、ぼくたちに語りかけている詩なんだ。


「葦の地方」を授業でとりあげたのは、昭和五十三年度の九年生からで、つぎの二つの感想文はそのときの学年のものである。

「葦の地方」を勉強して……………石井千恵……九年

先生が黒板に書いたのを詩華集のノートに写しながら、先生がどうしてこんな詩をとりあげるんだろうと思った。それは、何を言ってるのか、ぜんぜんわかんなかったから、つまんない詩だなあと最初に思いこんでしまったからだ。たしかに、
《遠方に

波の音がする。
末枯れはじめた大葦原の上に
高圧線の弧が大きくたるんでいる。》
と読めば、その風景は頭に浮かんでくる。けれども、その風景になんで「詩」があるのかわかんなかった。
でも、先生が、朗読してくれて、生徒も声をだして読んでいくうち、この作者は、工場がたって、自然がなくなっていくことをさびしく思って書いたんだな、というふうになんとなくわかってきた。遠くに聞こえる波の音。晩秋の陽の中を、風に流されているとうすみ蜻蛉。ほろびゆくノジギク。こういう生命のある自然の弱々しいものに対して、人工的なもの、科学文明によってつくられたものを対照的にえがきだしている。つまり、これは、よくあるような公害反対の詩だ！　なーんて思いました。
ここまでが、授業の中身にはいるまえの感想です。いよいよ、授業にはいりました。
まず、この詩が書かれた背景は、日中戦争でした。あの太平洋戦争にむかって日本全体がまっしぐらに進んでいるときの、昭和十四年の元旦につくられたのでした。

《ノジギクの一むらがちぢれあがり
絶滅する。》
この最後の二行のとき、前田さんが、
「ノジギクっていうのは、人間のことをいってるんじゃない！」
といったとき、なんだか、ハッと、この詩の全部がわかったような気がしました。私はぜんぜんそんなこと考えてみもしなかったことですから……。

日本全体が戦争へ戦争へと流されていっているとき、そういうなかで、ノジギクの一むらがちぢれあがり、絶滅するっていうの、すごくよくわかるような気がしたのです。とくに、ノジギクっていうの、兵庫県の県の花だということから日本人全体のうちの一部分とか、戦争に反対する人びとというふうに考えると、なんだか背すじがぞくぞくっとして胸のあたりに熱いものがこみあげてくるような気がしたのです。

作者は、かなしいとか、くやしいとかひとこともいわないで、風景だけで、人間の未来のことをいっている。

家へ帰ってから、だれもいないところで、もう一度、ゆっくりと声をだしながら読んでみた。それから、

「すっごく、いい詩だ！」

と思ったのです。

「葦の地方」を読んで……築田めぐみ……九年

先生が、「風景を頭にうかべろ」といって、まず、読んでくれた。
自分が一人で、黙読したときは、何をいってるのかわかんないことでも、先生が朗読してくれると、風景が頭にうかんでくるから、とても不思議だ。活字を絵におきかえるのって、とってもむずかしい。この詩の場合もそうだった。先生が、ゆっくりと、読んでくれた。
《遠方に
波の音がする。
末枯れはじめた大葦原の上に
高圧線の弧が大きくたるんでいる。》
ここまできたとき、私は、なんとなく悲しく、さみしい詩だなあと思った。《末枯れはじめた大葦原の上に／高圧線の弧が大きくたるんでいる》風景が、とってもさみしいイメージをつくったのだ。そして、そのさみしさは悲しい気もちにふくらんでいったのだ。
そして、《地平には／重油タンク》というところから、ああ、人間は、人間が作った科学文明によって滅ぼされていくということを詩にしてるんだなあ——ということがピンときた。そのことを作者は悲しみ、そうあってはならないということを読者にうったえたくて、この詩をつくったのだなあと思った。私が、最初に、この詩から語りかけられたことは、そういうことだった。
しかし、内容の勉強にはいると、なかなか手ごたえがあった。スーッと、なにげなく読んでいたところ。私がたんにさみしい、悲しい気分にさせられたところ、
《ユーファウシャのようなとうすみ蜻蛉が風に流され》
というところと、
《ノジギクの一むらがちぢれあがり
絶滅する。》
というところには、重大な意味がかくされていたのだ。
まず、《とうすみ蜻蛉》が、なぜ、ユーファウシャにたとえられなければならないかが問題になった。ユーファウシャというのは南極海にいるプランクトンの一種だそうだ。それは、波に流されて生きている浮遊動物だ。しかも顕微鏡的存在で、肉眼では見えない、小さな小さな存在だ。とうすみ蜻蛉は、風に流されるよりほかに生きる方法のない顕微鏡的存在ということだ。ここまで勉強がすすんだとき、ン、これは人間のこと

をいってるんだ！　人間自身が自分たちのつくりだした科学文明の波に、なんの抵抗もできなくて流されて生きていってるではないかということをいってるんだ！　私は、そうわかったとき、からだがふるえるように感じた。だから、

《硫安や　曹達や
電気や　鋼鉄の原で
ノジギクの一むらがちぢれあがり
絶滅する。》

というところでは、いろいろ並べてあるけど、これは人間がつくりだした科学文明の品物のことで、そういう生命のないものが、生命のあるノジギクをほろぼしていくということをいってるんだ！　とわかった。

私は、人間が幸福になるためにつくりだした科学文明によって、ついには滅ぼされていく、ということを、この「葦の地方」という短い詩のなかでいっていることに、すごく感心した。そうすると、「葦の地方」というのは、人間の住む「地球」と解釈してもまちがいではないと思った。

私が、そこまでわかったとき、またまた重大なことがあきらかにされた。それは、この詩は、昭和十四年の元日に、昭和十三年の晩秋を頭に浮かべながらつくられたという事実である。それはもう四十年もまえのこと

である。公害なんて、まだぜんぜん問題になっていないときのことである。日中戦争がはじまって、日本中全体が戦争へ戦争へとむかってるときのことである。太平洋戦争を迎える前夜のことだ。

この詩が、そういう状況のなかでつくられたんだとわかったとき、《とうすみ蜻蛉》とは、戦争へ戦争へと流されていく日本人のことであり、《ノジギク》というのは、戦争のなかで死んでいった人びとのことをシンボルしているということがわかってきた。

でも、私の感想はまちがってないと思う。無着先生は、

「戦争をやるときも、指導者は『東洋永遠の平和のために』とか、『世界平和のために』とかいうスローガンを かかげないわけにはいかない。つまり、『平和』のためにやる『戦争』なんだといわないわけにはいかない」

と話してくれたとき、私は、「おんなじだ!」と心のなかでさけんだ。だって、人間の幸福のために科学を発達させるということでしょ。

平和のために戦争を! 幸福のために科学を!

なんと、にていることでしょう。

ノジギクが 絶滅する!

この最後のことばにこめられた作者の、いかりと悲しみが、いま、私をとらえている。

沖縄・摩文仁の丘で

後日談——。

この石井千恵さんや簗田めぐみさんたちの学年は、一九七八年十二月十一日(月)から十五日(金)まで沖縄へ修学旅行に行った。

その第一日め、沖縄に着いてすぐ南部戦跡めぐりをやった。ひめゆりの塔から、健児の塔。そこから摩文仁の丘へのぼって、各県別の墓標を、みんな、三々五々、眺めながらおりてきた。そして、中ほど。わたしたちのグループはピタリと足がとまった。

のじぎくの塔!

みんな一瞬、声をのんだ。

「先生! のじぎくの塔!」「のじぎくの塔!」

のじぎくの塔には、兵庫県の市町村別に三千七十三名の戦死者の名が刻まれていた。この数は、北海道についで全国第二位であるという。(北海道が第一位であることには、アイヌ人に対する人種差別がからんでいる。これは感傷を拒絶する事実なのだ。)

「先生。おまいりしようよ!」

わたしは、花とお線香を買いに走った。

触発された風景

ある子の「詩華集」のなかに無着先生の問いかけのことばが記録されている。「まず、風景を考える。もし、絵を描けといわれたらどんな絵になるか。なぜ、そういう絵を描きたいと思ったのか?」―― この詩の授業のあとで、美術の太田幸雄先生は、「詩を絵にする」というテーマで九年生全員に「葦の地方」の絵を描かせた。

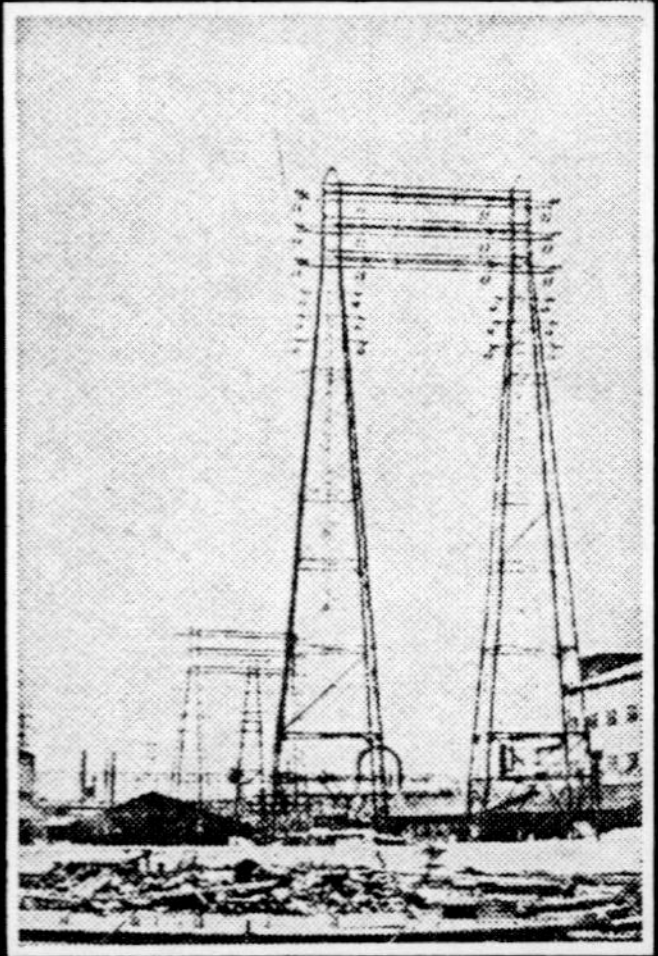

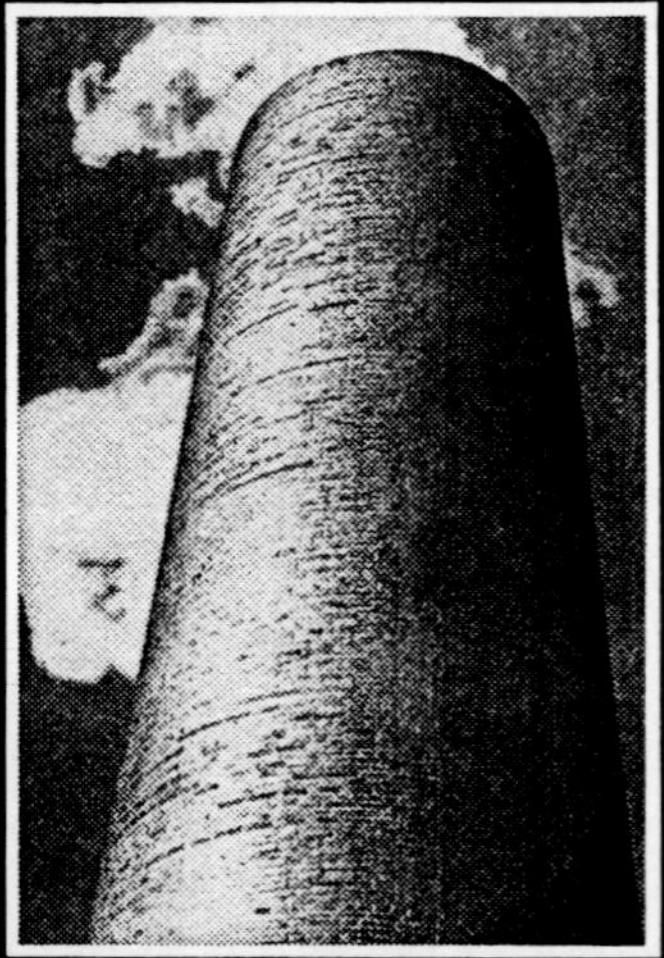

この写真は、戦後、1953年に出版された詩集『大阪』〈創元社版〉に詩「葦の地方」とともに掲載されている写真をつかわせていただいたものである。

地平には　重油タンク……〈假野剛彦君の作品〉

高圧線の弧が大きくたるんでいる。……〈高橋香久美さんの作品〉

「遠方に 波の音がする」……〈志賀万貴子さんの作品〉

楽しき玩具

俳句・短歌を教えてみて

型に血をかよわせる

目には見えないものを見る

子どもに俳句や短歌を教えるということに、わたしはずーっと、ひとつのこだわりをもちつづけていた。戦後、桑原武夫先生が「第二芸術論」を発表して以来である。

俳句や短歌には、社会に対して積極的な役割を果たす要素がほとんどない。思想に対しても、政治に対してもほとんど無力である。芸術とはいえない。療養所だとか刑務所だとかのような封鎖された壁のなかで、患者や囚人が自分を慰めるためにつくる形式だ——などなどのことばがわたしに二の足をふませていた。

わたし自身にも、俳句をつくるって何なんだろう。短歌をつくるっていったいどういう意味があるのか——という疑問があった。俳句や短歌をつくっている人はたくさんいる。けれども、俳句や短歌をつくってめしのたしにしているという人をほとんどきかない。すべて、もちだしだ。絵かきならば描いた絵を売ってくらしている。俳人はつくった俳句を売ってくらしている——ということはほとんどない。結局、俳句とか短歌とかは、自分自身を、自分自身の内にとじこめてしまう、いわば閉鎖的な状況をつくりだすもの以外のなにものでもない。やはり、子どもには教えるべきではない。そんな気持ちをもっていた。しかし、私自身、五十歳をすぎたころから、いや、そうじゃないのではないか。つまり、短歌や俳句は売りものにならないもの、暮らしのたしにならないものだから、逆に精神のたしになるのではないかと考えるようになってきた。めしのたしにはならないが、生きるたしにはなっているのではないか。俳句や短歌はどこからみても無力だ。しかし、その無力さに気がつき、それに徹することによって「楽しき玩具」になりうるのではないか。

たとえば、五・七・五プラス季語とか、五・七・五・七・七という型のなかに自分を閉じこめてみることによって、自分という人間は、その型のなかにおさまるものなのか、おさまらないものなのか、そういうことがわかるのではないか。自分を、五・七・五におさめるにしても、五・七・五・七・七におさめるにしても、まっさきに、自分のどういう世界を、この型のなかにもり込むかというイメージがないといけない。型とはいわば壁なのではないか。人間が自分を封鎖している壁を意識したとき、芸術が生まれるのではないか。目に見える世界のなかから、目には見えないもの＝本質（あるいは内部構造といってもいい）が見えないと、俳句にも短歌にもならないのではないか。たとえば、啄木の、

砂山の裾によこたわる流木に
あたり見まわし
物言いてみる

という歌を例にとってみよう。この歌が読む人の心に訴えるものがあるとすれば、それは、砂山の裾によこたわっている流木に、あたりを見まわしてからはなしかけてみた——ということがらではない。また、ほんとうにそういうことをしたのかどうかという事実でもない。この歌が読者の心に訴えるものが、もしあるとするなら、流木に対して何を話しかけたのか——ということなのだ。話しかけた内容が読めなければ、この歌はおもしろくもなんともない。ということは、あきらかに、砂山は、生命のない砂であるから、死の床をシンボルするし、流木とは、流転を重ねてきた自分の分身をシンボルする。つまり、自分が自分に語りかけているのであり、いわば自分との対話なのだ。自分自身の来し方、行く末について思うとき、ため息のでる一瞬を、だれもいないところで、「死の床によこたわっている流木よ、おまえも、たいへんな流転を重ねてきたんだろうなあ」と同感し、「流転を重ねてここまでやってきた自分自身」というものをイメージしなくては、この短歌がでてこない。そのようなイメージ、想像がさきにあって、それが具象化されるのだろう。

そこのところを子どもたちにわからせようとするとき、俳句や短歌を使うのは有効なのではないか。ひとつの世界をまとめていくとき、俳句や短歌のような型をテコに使うことは、想像力をきたえるのにきわめて有効なのではないか、と考えるようになってきた。つまり、型のなかに徹底的に自己をおしこめてみて、型に血をかよわせることができたら、そこに、そのひとつのいのちが表現されてくるのだろう。型に血をかよわせることができるかどうか。それは空想力・想像力、創造的な想像力の問題だといってもいい。そのとき、その型は、その人の形になるのだろう。そしてそれは、社会や他人とはかかわりのないことだ。いわば、そこに、自分の形(生命)が存在しているということであって、善悪とは関係のないことだ。よいことでもないし、わるいことでもない——そういう世界がそこに出現したことになるのではないか。わたしは、そんなふうに考えるようになって、俳句や短歌を授業(補教の時間)でとりあげてみた。

また、「型」という観点からいうならば、小学校の四十五分の授業も、中学校の五十分の授業も型に支えられなければ授業にならない。したがって すぐれた実践家ほど型をもっている。その型は俳句や短歌の型にも通じている。調査したことはないが、明治以来の日本近代学校教育のなかにおけるすぐれた実践家といわれるひとびとは、ほとんど俳句か短歌かをやっている。これは何を意味するのだろうか——などという思いもあった。

子どもたちの創作

俳句の入選作品

俳句は九月中の補教の時間に教えた。そのときつくらせたなかから、小学校二十句、中学校二十句を、足立区にある炎天寺の「一茶まつり」の全国小中学生俳句大会に応募してみた。そうしたら、小学校では、秀句二句・入選三句、中学校では、秀句二句・入選三句、はいった。それをつぎに紹介しておく。

ひまわりの花だんのむこう汽車が行く……野島高彦……五年
人影もうつしてとうろう流しかな……石橋結……六年
パンダ死に今夜さみしい虫の声……衛藤嘉子……六年
ゆかた着てウエスト細き盆踊り……宇田川桂……六年
こおろぎの玄関で鳴くくらさかな……米津実子……六年
雨の日のあじさい重き留守の家……竹中里加……七年
潮騒の気が遠くなる昼寝かな……玉井伸枝……七年
朝顔と顔見合わせて歯をみがく……高見沢珠……七年
七夕や見られてしまう願いごと……白井郁子……七年
エサさがす鳥の心も秋なのだ……久保信也……七年

短歌づくり

さて、短歌は、六年一組の担任が欠勤した日の六校時、ちょっと話をしてつくらせてみた。まえの時間、凧つくりをやって凧あげ大会をやったので、それを短歌にしてみなさいといったら、つぎのような短歌がでてきた。

ボクノタコオソロシイホドヨクアガルボクハヤッパリテンサイナノカ……鈴木雅一

たこあげの短歌をつくり雅一がうまいといわれうぬぼれていた……土屋豊

まさかずのたこよくあがるどうしてだわたしのたこはなぜあがらない……藤原みずみ

たこあげで糸が足りずにつなげたら欲ばりすぎて糸からまった……長谷川尚

まさかずはてんさい的だとうぬぼれてたこより高く自分があがる……髙橋圭

たかゆきにたこのしっぽをやぶかれたしかたないのでなおしてあげた
……浜口耕一

たかゆきにたこをふまれてやぶられたなおせないのでまたたこつくる
……尾形真

さむい日にたこあげやるとつめたくて手がかじかんでくろうしてしまう
……秋葉太郎

小さい子たかいラジコンかっていきできもしないでうぬぼれている
……岡山俊明

雪ふれば外にとびだし弟とさむさわすれて雪だるまつくり……石橋結

短歌って、すばらしい

子どもたちの感想文から

つぎの感想文は、七年生に啄木の短歌を教えたとき書いてくれたものである。

●……………佐藤有子……七年

私は、無着先生に、石川啄木の短歌を教えてもらって、とっても勉強になりました。どういうことが勉強になったかというと、たとえば、

《東海の小島の磯の白砂に
われ泣きぬれて
蟹とたわむる》

という歌で説明します。この歌の意味は、

「東の海に浮かんでいる小さな島の磯の白い砂浜で、わたしは泣きながら蟹とあそんでいますよ」

というのです。蟹とあそぶのに、どうして泣かなくっちゃいけないの？ということが、この短歌の深い意味をとくかぎでした。蟹とたわむれるのになぜ泣くのか……。わたしだったら、キャーッ、カニがいる――なんて、よろこんでしまうところです。ところが、啄木は泣きます。なぜか。わかりませんでした。

ところが、無着先生は、「東海というのは、中国大陸からみると太平洋だね、大きいんだね」といいました。そして、わかったのです。東海、小島、磯、白砂、そして蟹――とだんだん小さくなっているのです。東

海も小島も磯も白砂も、空間名詞です。蟹は小さな物名詞です。つまり、巨大な空間、宇宙の中にいるのに、小さな小さなところにとじこもって、毎日毎日のくだらない日常的なことにこだわっている自分が、なんとちっぽけで、みじめなことよ——というのが、この歌のほんとうの意味だったのです。

こういうのを意味の二重性とか重層性とかいうのだということを教えてもらってとてもよくわかりました。毎日のくだらないごたごたを「蟹」という単語でシンボルしてるなんてすごいと思いました。

●…………中塚詩子……七年

無着先生に、石川啄木の短歌集(角川文庫)を紹介してもらってから、私はすっかり、この歌集のとりこになってしまった。たったの三十一文字(ミソヒトモジ)で、自分の思想やきもちをこんなにうまく、人に伝えることができるなんて！　短歌って、ほんとに短い歌だけど、すごいと思った。また、石川啄木って素晴らしい人だと思った。

私は、啄木の短歌をひとつあげろといわれたら、

《しっとりと
なみだを吸える砂の玉

なみだは重きものにしあるかな》

この歌をとりあげる。スラーッと読みすごしてしまえば、なんのこともない歌だ。さらさらと乾いている砂をてのひらにすくってみても重みは感じられないが、しっとりとなみだにぬれた砂の玉は重いなあ、なみだというのは重いものだなあ、ということだけの意味である。別にどうってことのない内容である。なにもなみだでなくったって、水にぬれてる砂だって重いよ――という人もいる。乾いた砂は軽いけど、ぬれてる砂は重いんだ。そんなことがどうして「詩」になるのか。

それは、乾いている砂とは、生命のない砂のことで、《なみだを吸える砂》とは、生命のこもっている砂ということをシンボルしているからだ。しっとりとした感情をもっている生命体としての砂の玉。つまり、人間の生命というのは重いものなんだよなあといっているのだ。このように、この短歌には深い意味がある。

ほんとうのことを言って、先生から習ってない短歌を読んだとき、深い意味がよくわからない。でも、読みたい。わからなくっても読みたい。

私は短歌が好きになった。

(これ、ほんとう!)

●……………山本玲子……七年

短歌ってむずかしいものだなア。でも、何べんも何べんも、くりかえしくりかえし読んでいるうち、しみじみと胸にしみてくるもんだなア。「一握の砂」を勉強したとき、私はそう思った。

《いたく錆びしピストル出でぬ
砂山の
砂を指もて掘りてありしに》

砂山の砂を指で掘っていたら、うんと錆びたピストルがでてきたっていうだけのことだけど。でも、この歌だけでなく、ずっとひとつづきの短歌を何回も何回もよーく読み返してみると、《いのちなき砂のかなしさよ　さらさらと　握れば指のあいだより落つ》なんてあって、生命ということ、生きるということ、死ぬということ、そういうことがテーマになってるっていうことがわかる。

無着先生が「砂というのは、人間というものをいうときにつかうこともある。日本の砂というときは、日本の人民という意味だ」といったとき、ハッと気がついたことがある。

それは、人間のなかに友情だとか愛情だとかを求めれば求めるほど、指の間からさらさらとこぼれていくようにつかみどころがない。〃あの人は私の親友だ。一生変わることのない友情を持っている〟と信じていても、うらぎられたり、自分からうらぎることになったり。そして、〝人間なんて最後の最後まで信じられるやつはいないんだ〟などということも奥の奥のほうから読みとれる。

そういう状況のなかで、死のうか、どうしようか迷いながら砂を掘っていたら、錆びたピストルがでてきた——。私はこの《いたく錆びしピストル出でぬ》というところで、これは、昔、自殺しようとした思い出のことではないか！　と思った。これは、ほんとのピストルではなくて「自殺しようとしたときの思い出を思い出した。人間のなかに真の友情や愛情を探しているうちに」っていう意味ではないかと思った。そう思ったわけは、生命のない砂山の砂を指で掘っていたら——というところで、何を掘っていたのかが問題になる。砂は生命がないわけだから、生命を掘っていた、生命を探していたことになる。そしたら、ものすごく錆びたピストルがでてきたというんだから、錆びたピストルはつかいものにならないので死ねないことがわかる。それで、「人間のなかに真の友情や愛情を探しているうちに、昔、自殺しようとしたときのことをふと思いだした」という意味になるのではないかと思った。

この短歌の意味。ほんとうはどうなんですか。先生。

俳句の鑑賞

十句から選ぶ

俳句は、『狩』という俳句雑誌で、鷹羽狩行先生が「秀句佳句」という欄にとりあげたもののなかから十句選んで、鑑賞してもらった。（一九七九年三月号から八月号までの作品）

くすぶりてゐしが一気に火の落葉……檜紀代

倒されて案山子はじめて天仰ぐ……寺井えのき

行く年の起重機の腕たたまれず……熊谷千万子

引けば引く手応への枯烏瓜……高橋冨美子

大桑を括るや妻と抱き合ひ……馬場移山子

跳ねるたび傷の増えゆき生簀鮭……後藤図子

対岸に投石とどき落第生……犬伏康二
トンネルをぬけても同じおぼろ月……志木千花子
初蝶や早くも風にさからひて……近藤昌平
道をしへ雲水笠で打ち払ひ……三浦夜羽根

この十句を黒板に書き、それぞれの季語をあきらかにし、わからない単語や読めない字——たとえば、《案山子》はかかしであることや、《道をしへ》は蜂に似た昆虫で、軽井沢などによくいること——を説明し、それから一句ごとに情景を思い浮かべさせた。

それから、俳句は作者で読んではいけない。作者の名まえも書いておいたけど、だれがつくったかが問題ではないんだ。どの句が自分にピンときたかが問題なんだ。作者は忘れてしまったけど、この俳句がわたしを支えてくれたといえるような句であればいい。そういうふうに気に入った句を一句選んで、感想文を書くように要求した。

感想文のいちばん多かったのは《倒されて案山子はじめて天仰ぐ》。第二位は《くすぶりてゐるしが一気に火の落葉》。第三位が《跳ねるたび傷の増えゆき生簀鮭》。第四位《トンネルをぬけても同じおぼろ月》。第五位《道をしへ雲水笠で打ち払ひ》。第六位《初蝶や早くも風にさからひて》。第七位《対岸に 投石とどき落第生》。第八位《行く年の 起重機の腕たたまれず》。そして、あとの二つには、感想文がなかった。

子どもたちの感想文から

俳句を紹介してもらって……川崎健……九年

《倒されて案山子はじめて天仰ぐ》

無着先生に俳句を十句紹介してもらった時、すぐにこの句が目についた。この句の意味は——案山子は稲を鳥などから守るために立てられた人形である。この案山子はいつも自分の目のまえのことしか見ることができない。しかし、農作業のすべてが終わって、農民が案山子を引っこぬいて横たおしにする。このとき案山子の一生は終わったのだ。案山子は死んだとき初めて空を見上げることができたということをうたった俳句である。作者はたぶん、そんな案山子の一生を見ているうち、生きているうち空を見上げることもできないなんて、なんとあわれなことよと思ったのだろう。そして、ふと気がついたとき、自分がまるで案山子ではないかと思ったかもしれない。ぼやぼやしていると、人間だってこういう案山子になりかねないということを作者は思ったにちがいない。

《倒されて案山子はじめて天仰ぐ》

この俳句、ぼくはすきだ。死んでから空を見上げるのでは、もうおそい。

俳句についてのレポート……猪股佳代子……九年

《倒されて案山子はじめて天仰ぐ》。私、この俳句、好きです。

案山子はいつも田んぼぐらいしか見ることができません。けれど役目が終わったときにやっとちがう景色が見られるのです。でも、それは現役時代ではなく、人間にたとえれば、定年後か、死ぬときなわけです。人間の場合、自分が信ずる道でなく、人につくられたわくのなかで生きていく人。そういう人はいつもいつも決められたなかでおなじものしか見ていないのです。人に強制的にやらされて、それに反対もせずだまってやっている。そういう人っていうのは心が自由じゃないんですね。自分の意志にそむいていて……。《天仰ぐ》っていうのは自分の世界を見つめるってことではないでしょうか？

人間って、自分の意志にそむききれないと思うのです。人に言われたままに生きていくのっていつかつらくなると思うのです。私、いま、それを考えています。何か行動するんでもこれが私の意志なのかなあ？　ってよくまようんです。やっぱり自分の意志（考え）にもとづいて生きていきたいし、自分をごまかしたくないし、相手に対してもごまかしたくないし……。私、いつも空を見つめ、自分の世界を見つめ、自分の信ずる道を進みたいです。私、そうやって生きていきたいんです。いまは、まだそれがどういうものなのかわからないけれど、私、そうしていきます。ちょっと関係ないかもしれないけれど、《倒されて案山子はじめて天仰ぐ》をよんだ私の気持ちです。死んでからしか天を仰ぐことのできない案山子があまりにもあわれで……。

俳句を紹介してもらって……津田則子……九年

「現国」の時間、無着先生に〟俳句とはどういうものか〟ということと、〟現代の俳句〟を十句紹介してもらった。

俳句というのは五・七・五(十七語)の形式で、そのなかに季語を入れるという詩だ。そのとき、「うれしい」とか「かなしい」とか「くやしい」みたいな感情をあらわす形容詞はつかわないで、いいたいことを物と事のくみあわせでいいあらわす。教えてもらった十句の詩も、みんな深い意味があって、おもしろかった。とくにすきなのは、

《くすぶりてゐしが一気に火の落葉》

これは、落葉をあつめてもやすと、最初はしめっているからくすぶって

いるけれど、そのうちに水分がなくなってきて、風が吹いたりしたら、一気に燃えあがる……という意味だ。

それを人間の世界でたとえると、みんなそれぞれいいたいことがあって胸のなかでくすぶっているが、なんか事件があると一気にたちあがる……というようなことだ。たとえば、明星学園では内部進学の問題でくすぶっていた。それが、朝倉君の退学というきっかけで、おばさんたちのハンストがはじまった。

また、よくわからないけれど、ポーランドでは労働者や農民のあいだに政府の圧力に対する不満がくすぶっていた。それが一気にゼネストへ発展した。

こういう現象を、この俳句は見事にとらえていてすばらしいと思った。


跳ねるたび傷の増えゆき生簀鮭……………久保田裕之……九年

イケスに飼われて、生かされている鮭。まずそういう鮭を想像する。その鮭は、お客さんがきて石狩鍋でも注文すれば、すくいあげられて、ぶったぎられて、鍋の中にぶちこまれる。その鮭はそれを知っているのだろうか。

イケスに飼われている鮭は殺されるために生かされているのだ。だから、イケスから逃げだそうとして跳ねるのかもしれない。だけど、イケスは鉄のおりと金網でできている。跳ねれば跳ねるほど傷がつくだけだ。イケスのなかに飼われている鮭ってあわれなもんだ。

もちろん、鮭は、イケスのなかに飼われていてもいなくとも、死ぬときは死ぬ。けれども、イケスのなかで死ぬのと、イケスの外で死ぬのとはちがうと思う。よくわからないけど、この俳句は機械文明の社会に生きている人間にピッタリあてはまると、ぼくは思った。

俳句を教えてもらって…………橋本想……九年

無着先生から俳句とはどんなものかをおそわりました。十句の現代の俳句をおそわりましたが、そのなかでも、

《トンネルをぬけても同じおぼろ月》

という句がいちばん好きです。トンネルというのも、トンネルをぬける特急列車やクルマも人工的な物を意味し、現代の科学文明を代表しています。それと反対に、おぼろ月というのは太古さながらの自然の姿を表わしています。人間がいくらがんばってみたところで、結局、大自然の法則を変えることなんかできない。いくら科学が発展して、人が死なないような薬ができたとしても、結局は死ぬ！

科学はなんでもできる、万能だ、かのようにみえるが、結局は、はかないものだったのだ、というあきらめというか、気ぬけしたというか、行きづまったというか、そういう現代の気持ちを表わしている句だと思います。人間は目先のことばかり見てたらだめになるぞということを教えてくれているところもあります。だから、この句が好きです。

俳句を紹介してもらって……白鳥はるな……九年

無着先生にいままで、いくつか俳句を紹介してもらいましたが、今回は「現代の俳句」ということで十句、紹介してもらいました。そのなかで、私がいちばん気に入ったのは、

《道をしへ雲水笠で打ち払ひ》

です。「道をしへ」というのは昆虫で、人に道を教えているように飛ぶのだそうです。雲水というのは、〃行く雲、流れる水〃の意で、僧のことです。だから、この俳句は、雲のように行き、水のように流れることを主義としている〃雲水〃に道を教えたというところがおもしろいのです。道おしえが笠ではたかれるのはあたりまえです。だって、人から道なんか教えてもらわなくったっていい、自分の道は自分できめるという人に、道おしえは、道を教えたんですもの。余計なでしゃばりはするな！　と

いうのが、この俳句の意味だと思ったら、俳句ってすごくおもしろいものだとおもいました。

俳句を紹介してもらって……佐伯美歌……九年

先週、無着先生からいくつかの俳句を紹介してもらった。そのなかでいちばんよいと思ったのは、

《初蝶や早くも風にさからひて》

という俳句である。

この俳句の意味は——初蝶を人間にたとえると、義務教育を終えて社会人として職をもつ人、あるいは、高校・大学を卒業し、社会へ出て働こうとする人たちである。その人たちは、もう学生時代の甘えは許されない。小学校に入学したばかりの子どもみたいに、「小学校一年生だから……」というふうには見られない。その人たちがどんな失敗をしても、社会人一年生だからということでは許されないのである。

社会人となった人間は、早くも世間のきびしい風に向かっていかなくてはならない、という意味ではないかと、私は思います。

この俳句とおなじぐらい気に入ったのは、

《行く年の起重機の腕たたまれず》

という俳句です。一年の暮れに、みんな一年の仕事を終えて、それぞれの家でくつろいでるとき、起重機は仕事をしたときのままになっていて、腕を休めることができない。そのあわれさ。かなしさがジンときました。この起重機は、なんだか科学文明、機械文明のなかの現代人をシンボルしているみたいで、これを読んだとき背すじがゾクゾクッとしました。

俳句を勉強して……小川起世子……九年

十句のうち、私は二つ好きになりました。一つは、

《対岸に投石とどき落第生》

私たちはいま、高校進学が問題です。進学したくてもできない人がでてきます。落第生です。けれども、及第生も落第生も、いよいよおわかれというとき、川原へ遊びに行ったとします。だれからともなく石投げがはじまるでしょう。そのとき、向こう岸に石がとどくのは落第生だけです。及第生で、しかも、成績のいい子ほど、流れのまんなかへんにポチャンと石が落ちたりして。私はこの俳句をよんで、点数だとか成績だとかというせまい範囲で人間の価値をきめてはならないのだということを教えられました。もう一つは、

《トンネルをぬけても同じおぼろ月》

トンネルというのはいまの科学がつくったものです。トンネルをぬける電車や自動車も科学がつくったものです。そういう科学文明の社会に人間はどっぷりとつかってるけど、ふと見上げると、たぶん大昔からちっともかわってないおぼろ月が天にかかってるという。この俳句、とても気に入りました。

俳句の授業のあとで……

新聞の人生相談なんか読んでいると、「姑が自分の夫にベタベタつきまとって困る」というような相談ごとがよくでていますネ。その姑は人間として精神的に自立してないんだ。だから、自分の子どもだけが生きがいになってしまうんだ。とくに夫に先立たれた場合、それがはげしくでてくる。そういう姑には俳句とか短歌とかの楽しみを教えてやるといい。そうすると、上手・下手は関係なく自分を表現するということで、自分をとりもどすことができるんだ。「おばあちゃんが生きているあいだに、句集をつくりましょうね」なんていってやると、もう夢中になって、関心がそっちへ移るんだ。

もちろん、そんなことが俳句や短歌をやる本筋じゃないけどね。ただ、自己表現とか自己実現とかいうとき、短歌や俳句は、きわめて個人的にすくない経費で楽しめるということは知っておいたほうがよい。

わたしの友だちに、笠間文子さんという人と、高松芳枝さんという二人のおばあさんがいるんだけどね。どちらも「すてきなおばあさん」ということばがぴったりなんだ。それは、笠間さんは俳句を、高松さんは短歌をやってることと関係してるんだ。

無趣味な老人ほど始末の悪いものはないのだからね。みんなも何か自己表現の方法をもちなさいよ。長い人生のあいだには行きづまることも、死にたくなることもある。そういうとき、短歌とか俳句とかやっていると、そこで救われることがある。見えなかったものが見えてきて心がひらけるということがある。くれぐれも無趣味な人間にはならないように。

……と話したのだった。

エピローグ　無着先生、さようなら

不出来な絵…………石垣りん

この絵を貴方にさしあげます

下手ですが
心をこめて描きました

向こうに見える一本の道
あそこに
私の思いが通っております

その向こうに展けた空

うす紫とバラ色の
あれは私の見た空、美しい空

それらをささえる湖と
湖につき出た青い岬
すべて私が見、心に抱き
そして愛した風景

あまりに不出来なこの絵を
はずかしいと思えばとても上げられない
けれど貴方は欲しい、と言われる

下手だからいやですと
言い張ってみたものの
そんな依怙地さを通してきたのが
いま迄の私であったように
ふと、思われ
それでさしあげる気になりました

そうです
下手だからみっともないという
それは世間体
遠慮や見得のまじり合い
そのかげで
私はひそかに
でも愛している
自分が描いた
その対象になったものを
ことごとく愛している
と、きっぱり思っているのです

これもどうやら
私の過去を思わせる
この絵の風景に日暮れがやってきても
この絵の風景に冬がきて
木々が裸になったとしても

ああ、愛している
まだ愛している
と、思うのです
それだけ、それっきり

不出来な私の過去のように
下手ですが精一ぱい
心をこめて描きました。

いよいよ卒業だ！　というまぎわに、石垣りんの「不出来な絵」の授業をした。「絵」という物で象徴されている「自分」というもの、あるいは「生き方」というもの、あるいは「自分の人生」というもの、そういうことを語った。そして最後に、

一週に一回きりの三年間。
下手でしたがせいいっぱい
心をこめてやってきました。
わたしの「詩の授業」はこれでおわりです。
石垣りんの「不出来な絵」のように

わたしの「不出来な授業」を
真剣に聞いてくれてありがとう。
では、さようなら。

そんなふうに言って、子どもたちに深ぶかと頭をさげた。わたしは、自分の語りたいことに耳を傾けて聞いてくれた子どもたちがいたということに、心の底から感謝した。

ところで、このあと、一時間だけ、この子どもたちと会う時間をもらったので、「『不出来な絵』の感想でもいいし、三年間をとおしての、わたしの〝不出来な授業〟に対する感想でもいいから書いてくれないか」とたのんだ。子どもたちのなかから、

「〝無着先生、さようなら〟という題でもいいか」

という質問があったので、

「もちろん、いいですよ。でも、自分がいま、いちばん書きたいことを自由に書いてください」

とわたしは答えた。そうしたら、三組の場合は、江口富美子が「無着先生は死んでしまった！　ということにして、死んだとき読む、あれ、あの、あの……」といったので、わたしが「弔詞」ということにして、「そう、あの、弔詞を書くみたいに書いてもいいですか？」という質問がでた。爆笑の渦のなかで、わたしは、「もちろん、いいです！」と答えた。

そうして書いてもらったものを、わたしは、一組のほうから出席番号順に綴じて「宝物」に

している。これを読むと、多くの子どもたちは、「無着先生は、俺たちの心ん中のことをよく知っていた」とか、「無着先生は、私たちの心のなかのものを写す鏡をもっていたのではないか」とかと書いていてくれているが、わたしとしては、「いや、知らなかった。そうだったのか」と反省させられたり、「なるほど、そうだったのか」とうなずかせられたりした。とくに、何人かの子どもの場合、わたしは、わたしの授業をよろこんで受けているものとばかり思いこんでいたのに、まったく逆だったりして、愕然とした。

それはそれとして、つぎに、いくつか子どもたちの感想文を紹介して終わりにしたい。

●…………田口実……九年

先生に三年間、詩を教えてもらっただけでなくて、いろんなことでつきあってもらって、うれしかった。しかし、いちばん思い出ぶかいのは、やっぱり、あのことだ。

あれは七年のとき。伊豆サイクリング・センターに行ったときのこと。僕たちはこっそりウィスキーをもって行っていた。しかし、それがなぜかばれてしまっていた。

伊豆サイクリング・センターから帰った次の日、無着先生に会議室に呼ばれた。僕たちは当然、おこられるかくごはしていた。もちろん、おこられはした。が、無着先生が最初に言ったことばは、「お前ら、死ななくてよかったなあ!」だった。

僕は、なぜか、ときどき、このことばを思い出す。無着先生は、そのあと急性アルコール中毒のはなしをしてくれた。

このときから、僕は、無着先生というのは僕たちの心のなかを知っている人なんだと思うようになった。僕はこのときから無着先生の授業が好きになったのだった。

●……本橋史朗……九年

無着先生から、いろいろな詩を教えてもらった。そのなかでも、壺井繁治の「挨拶」という詩を教えてもらったときのことだった。無着先生は、「挨拶とは、相手の心のとびらをひらくことだ」といった。「挨拶ひとつで、相手は心のとびらをひらくこともあるし、とじることもある。相手の心をとざすような挨拶は挨拶じゃないんだ。挨拶とは、相手に、心をひらかせるためにするものだ」といった。

ぼくは、どういうわけか、そのときの無着先生のことばと顔をありありとおぼえている。

●……中村彰二……九年

ぼくは「虫」の詩がいちばんすきだ。

《虫が鳴いてる
いま　ないておかなければ
もう駄目だというふうに鳴いてる
しぜんと
涙をさそわれる》

ぼくは毎時間のように、先生にしかられてばかりいた。

「彰二！　はやく、せきに、つきなさい」

そのとき、はやく死ね、このやろう。とおもったけど、だまっていた。だから、さいごにいわしてくれ。

無着のバカ。とんま。まぬけ。じじ。はやく、くたばれ！　ヨロシク。

これ、ほんとのきもち。だけど、先生が、「しかられるうちは、まだみこみがある」といっていた。「みすてられたら、注意もされなくなるよ」といっていた。「ムシされるよ」といっていた。だから、ぼくはまだ、先生にみすてられていないんだと思っていいんですね。

では、先生。そこんとこヨロシク。


無着先生、さようなら…………石田考……九年

明星学園中学校に途中からはいってきたので、そのときは、明星の先生はみんな変わっているなと思った。しばらくすると、そのなかでも無着先生が特別にそうなんだということがわかった。だから、無着先生の授業はいちばん理解できなかった。何を言いたいのか、何が目的で詩の授業なんてするのか、こっちは何をすればいいのか、まったくわからなかった。

「峠」をやったころも、そんな気持ちだったので、《峠は決定をしいるところだ》とか、《ひとつをうしなうことなしに／別個の風景にはいってゆけない》とかいうのに、「あたりまえ

じゃないか。そんなことはわかってるつもりだ」などと、心のなかでつぶやいていた。「こちら側で経験したことを忘れてサッサと向こう側へ進んでいったらどうなるんだ」と考えたりもした。だいたい、こんなあたりまえなことをなぜ詩にする必要があるのか、と思っていた。「峠」は、詩としてはいまでもそんなに好きではないけれど、授業で習っていたときはもっと好きではなかった。いまから見れば、はっきり思い出せないほどぼんやりしたものになってしまったけれど。

こういうわけだったから、無着先生の授業は一週間に一回だけだったので、軽くみるようになってしまった。ほんとうはそんなことないはずなんだ、と思っても、結局は気楽な授業になってしまった。

ところが、そういう気持ちになったために、無着先生の話をひねくれた解釈をしないで聞く結果になった。そうしたら、「かたつむり」の詩で、「自分のカラを置いて前に進むと、死んでしまう」ということを聞いたとき、〝無着先生も「後ろのものを忘れるな」ということをちゃんと言っているんだな〟とわかった。それから、八木重吉の詩だとか、自分が書いてみたくなるような詩に出会ったり、なんだか授業が楽しくなってきた。それにつれて、自分の考え方が「やっぱり」狭かった、とわかってきた。

無着先生の最後の授業で、まえに教えてもらった「表札」を書いた石垣りんの「不出来な絵」を教わった。以前だったら、ただ「長い詩だな」と思っただけだと思う。「表札」のときは、しらけた感じの詩だなと思っただけだった。しかし、この詩を読んだら、「でも愛している」と言う作者の気持ちが、こっちに通じてきた。以前なら「あたりまえじゃないか。そんなことはわかっているつもりだ」とつぶやいたかもしれないこの詩を読んで、そんなことよりも《下手ですが精一ぱい／心をこめて描きました》と言える作者が、「なんてはっきりしているんだろう」と思えてならなくなった。

詩を読んでこんな気持ちになったのははじめて。「詩というものも世の中にあったほうがいいものだ」と思えてきたのも、この詩を読んでいっそう強くなった。「なぜ詩にする必要があるのか」ということも、わかりかけてきた。

ほんとうに、卒業まえにようやくこういうことがわかってきてよかったと思う。もし、以前のままで卒業してしまったら、死ぬまで無着先生に対して、こっちのほうで勝手に敵対心を持っていたかもしれない。最近になって無着先生がわかってきたような感じで、「さようなら」というよりは、「はじめまして」と言ったほうがいいくらいだ。

無着先生、さようなら………中桐敏雄……九年

三年間、いろいろな詩を習ったが、俺にとっていちばんためになったのは、その詩の授業のなかでの、もっとも授業らしいところではなくて、脱線した部分だ。横道に話がそれればそれるほど、話の内容がいまの俺たちの考え方や生き方に近づいてくるようだった。

そういう無着先生の授業を「いいかげんだ」という人もいたけど、俺は、その詩がぐんと身近になり、詩からはなれたようではなれていないのだと思った。脱線してくれたからわか

った詩もあり、それで俺の人生観が変わってきたこともある。

「無着の授業はいいかげんだ」という人とはなすときは、俺も「まあ、そういえば、いいかげんだな」といったりする。そういうふうにあいづちをうつ俺も、まあ、だいぶいいかげんなわけだけど、無着先生の話は、よく聞いていると、脱線した部分にこそ、先生の本質が出ていたと思う。そして、俺はそこでいろいろ学んだのだ。

だから、話が横道にそれると、「いいかげんだ」と思いつつ、ひそかに、うれしかった。俺は、先生の脱線のなかから、たくさんのことを学んだ。
P.S. 先生！　授業に関係ないと思われる話はやめたほうがまともだけど、先生の脱線はおもしろくてためになるから、俺たちの後輩の授業のときにも、脱線してあげてください。そのときには、ちゃんと時計見ながらやったほうがいいと思うよ。

無着先生、さようなら……市野尚子……九年

もうすぐ卒業式。なるべくたくさんいい思い出を作っておきたかったのに、こんなことになってしまってほんとうに悲しいです。

無着先生が倒れたのは、三月三日の一時間目。突然お腹をおさえて、しゃがみこんでしまったんです。私たちは、先生のいつもの冗談と思ってました。

「先生、どーしたの？」

とみんながかけ寄りました。そしたら、先生は苦しみのにじみでた笑い顔を無理につくって、

「ハ、ハ、ハ、ちょっと、みんなを、おどかしてみただけだよ」

ってきれぎれに言ったのです。いま、思えば、先生のあのときの表情は、先生にはとてもできない演技だったのに。それが、私たちが見る先生の最後の姿になってしまうなんて、だれも、思ってなかったでしょう。

その夜、私は、変な夢というか、幻を感じたのです。夜の十二時ごろでした。ラジオから、突然!!「ダイヤル、ダイヤル」というあの音楽が流れ、つづいて「全国こども電話相談室から……」ときこえてきました。私は、びっくりしたけど、きっと聞きまちがえだと思ってたから、気にしないで、そのままねたんです。

それから、どのくらいたったでしょう。すぐのような気もしますがわかりません。無着先生の右手が私のほうにのびてくるのです。握手したいように。私は「キャッ」といってとびおきました。夢だったのです。私は汗びっしょりでした。

その次の日、学校に行ったら、みんながワーワーさわいでいました。みんな、ゆうべはおなじような音を聞き、おなじような夢をみていたのです。一時間目、川手先生がきて、

「無着先生は、昨夜、十二時ごろ、急性胃がんのため亡くなりました」

と教えてくれました。

教室は一瞬、水を打ったように静かになりました。だれかがワーッと泣きだしたのをきっ

かけに、教室は泣き声の渦になってしまいました。こんなことになるんだったら、無着の「詩の授業」をもっとまじめに受けとくんだったなあと思いました。

先生が教えてくれた授業で、私の心にいちばん残っているのは「奈々子に」です。とってもいい詩だなーと思ってます。先生には、たくさん、たくさん詩を教えてもらいました。ほんとうに、どうも、ありがとう。

いま、考えると、先生の授業になると、やだナと思ったこともありましたけど、いま、考えると、もう一度、授業をうけたいと思ってます。

先生、安らかにお眠りください。

無着先生、さようなら……上條恒……九年

先生に教えてもらった詩のなかでいちばん強く印象に残ってるのは、「峠」なんだけど、ぼくとしては、やっぱり、石垣りんの「表札」です。

この詩は、ぼくが詩の暗誦をしてから三つめのものですが、みんなのまえにでて暗誦の発表をしたりした期間がいちばん長いのです。だから、ぼくがまえにでると、みんなは、「あ、表札だな」って、すぐわかるようになってしまっていました。先輩がぼくを呼ぶとき、「おい、表札！」とか、「石垣りん」なんてよく言われるようにさえなりました。

《自分の住むところには
自分で表札を出すにかぎる。》

《精神の在り場所も
ハタから表札をかけられてはならない
石垣りん
それでよい。》
第一連と第八連を読んだだけでも、ぼくは身のひきしまる思いがするんです。無着先生がよくいう、「自由な精神」とか、「自分自身の決心」とかというの、ぼくは、この「表札」で、「あっ、そうかあ」とわかったような気がするんです。
無着先生を、「やらしい!」なんていう人もいるけど、そして、ぼくも、無着先生をやらしいと思うけど、先生の、やらしい程度は、うちの親父とまったく同じです。自分を、こういうふうに、がんとだしてくる人は、みんなやらしいのだと思います。石垣りんだって、
《表札
石垣りん
それでよい。》
というのは相当に、やらしいのです。
ぼくは、無着先生に詩をならわなかったら、こういうことがわかんなかったと思います。
ぼくは、先生に出会わなかったら、詩があるということさえ知らなかったんじゃないかと、よく思います。
先生、学校をはやめにやめたりしないで、うちの弟や後輩にも、まだまだ、いろんな詩を

教えてやってください。お願いします。

P.S. 先生から、「自分の道は、自分で選んで、自分で決めろ！」といわれたこと、一生忘れません。「自分の生き方を他人のせいにするな」とか、「かたつむりのように、自分の生身をさらせ」といわれたこと絶対に忘れません。

先生、ありがとう。from Ringo

無着先生、さようなら……窪寺詠子……九年

まず、ずばり、私は無着先生が大好きです。なぜだかはっきりしていないのだけど、先生の変わったみりょくにひかれるのです。

けれど、なぜでしょう。先生が来るとゲッとか言ってしまうのです。ほんとうに不思議です。私は先生が好きなのに……。

だけど、反対に来てくれないと、淋しいのです。口では、「無着先生はいやだ。きもちわるい」なんて言うけれど、ほんとうは、とっても好きなんです。

無着先生って、とっても不思議な力を持っていると思います。授業とかでも、魔法にかかったようにパッと引きつけられるのです。つばをとばして、動作をつけて、手をうごかして、必死に話してくれるのです。ときどき思うのだけれど、授業中、必死で説明するとき、ことばがバーッと続いているから、息が苦しいのではないか？　なんて思うときがありま

す。でも、そのしゃべり方も、無着成恭一人にしか絶対にない、独特なしゃべり方とみりょくだと思います。

七年のいちばんはじめの授業は、「無着成恭」の名前の説明からはじまったのでした。先生は「無着というのは、なにも着ていない生まれた時のそのままのすがただ」と教えてくれました。そのとき、どのようにうけとめたか、はっきりおぼえていないけれど、いま考えると、「無着成恭」だなんて、先生にピッタリの名前だと思います。先生は、何十年もかけて「無着成恭」という人物を創ってきたのだということがわかります。無着成恭があるから無着成恭があるのだっていうこと。自分が自分を創るのだっていうことが、先生を見ているとよくわかります。

私は、無着先生の授業でほんとうにたくさんの大切なこと、すばらしいものを得ました。勉強はできなくても(もちろんできたほうがいいが……)、ほんとうに人間が考えなくてはならないことをおそわりました。授業のなかで、「ああ、これが人間なんだ。人間とはこういうものなんだ」となっとくしたことが、なんべんもあります。

無着先生の授業って、山登りにてるなあって思うことがあります。詩を書き写しているときが、山のふもとをはいずりまわっているような感じ。なんだかよくわかんないけど、あるいてるっていう感じ。それから声をだして朗読して、むずかしい単語や語句を調べていくと、だんだんだんだん高まってきて、パアッとひらけてくる。そんな感じなんです。だから、授業がすすむにつれて、教室全体がだんだん、だんだん緊張してきます。そして、いっぺんに頂上へおしあげられてしまう。そんな感じなんです。だから、無着先生の授業は「緊張してつかれるから嫌い」っていう人もいますが、私は嫌いじゃありません。つかれることはつかれるけど、終わったあと、とっても気持ちがいいんです。ああ、授業したなあーっていう感じ。それに、授業のなかであーそうなのか、なるほど、と思うことがたくさんあります。それを自分のなかに得て、家で自慢するように説明します。とにかく、うまく言えないけれど、授業でわかることもおもしろいし、おそわることが自分のからだのなかにしみこんで消化されていくっていうのかな？　そういうのがうれしいのです。あーそうか、そうなのか、と自分でなっとくできる、そんなのがたのしくて、たのしくて。だから、どんどん授業にひきこまれてしまいますね。なんかうまく言えないから、すごくくやしいのだけど、無着先生にはわかってほしいです。

無着先生におそわった詩で、大好きな詩がたくさんあります。でも、そのなかでもとくに好きなのが三つあります。それは、「虫」と「自分の名前」と「不出来な絵」です。

「虫」がなぜ好きかと言うと……。この虫というのは、まさにいまの私たちと同じだと思います。もう、あと残り少ない中学生活です。私も、いま、鳴いておかなければ、やらなくてはだめだというふうに鳴きます。こんどある合唱祭・学習発表会、そして、卒業式、いま、鳴いておかなければ、もうおわりです。一生懸命って美しいのですよね。

この詩をよむと、胸があつくなります。ほんとうに、あと残り少ない日、私は、鳴こうと思います。

「自分の名前」は、どんなに自分の名前が大切かということを教えてくれました。「エイコ」なら「エイコ」という名前は、この西荻窪に住んでいる詠子の十何年の総合なのです。どんなに人間がいても、ここにいるエイコは、ぜったいに一人なのです。ときには、自分を見うしないそうになるかもしれないけれど、最後の最後まで自分を大切にしようと思います。窪寺詠子は絶対に「私」一人だけなのですから。

無着先生の最後の詩は「不出来な絵」でした。この詩には一人の人間の人生というものが描かれています。絵のなかに描かれている一本の道。それが、私があゆんできた道であり、あゆんで行く道です。行く手に見えるうす紫とバラ色の空、これは、少女時代に見たゆめ。夢は現実ではないからバラ色なのです。道は、バラ色の空のむこうまでつづいています。「山のあなたの空遠く」です。でも、その夢を実現するためにあゆまなければなりません。あゆむことは現実です。現実にはしっぱいがたくさんあります。しっぱいの連続。それがこの絵のなかの一本の道です。しっぱいの連続としての「道」と、その両側にひらけた風景、それを描いた絵。それは「不出来な絵」です。けれども、それは私がそのときそのとき、自分で考え、自分の責任で判断し、これでいいんだときめてしたこと。精いっぱい、一生懸命生きてきたすじみち。人生。

「そういう人生でいいのだ。それは、不出来な人生かもしれないが、それはそれで美しいのです」

そういっていても、「その絵がほしい」という人があらわれると、「私、だめよ」とかなんとかいって、すねたり、いじけたりします。

それは間違いだ。もっと、まっすぐに、堂々と、素直にならなければいけないということをこの詩から学びました。素直な心にならなければ真実が見えるようにならないということや、自分の人生を信じることを学びました。

無着先生、この三年間、ほんとうにありがとうございました。先生にめぐりあえたこと、ほんとうにしあわせだったと思ってます。これからさき、なにかの壁にぶっつかったときは、かならず先生のところへいきます。私は二十歳になっても三十歳になっても、五十―八十になっても、無着先生のむすめでいたいです。

では、さようなら。

無着先生、さようなら……………雄本こずえ……九年

私は途中から転校してきたのですけど、先生の名前はラジオで知ってました。

無着先生は、私の好きな先生の一人です。

私はもともと先生という種類の人間を好きになったことって小学校からまったくないといっていいです。小学校の一年生のころはそうでもなかったんですが、先生というものがだんだん信用できなくなったんです。それで落ちこんだりしたんですけど。ここの学校に転校してきても、正直いってきらいな先生のほうが多いな。ほとんどそう。だけど、一人でも好きな先生がいてよかった!

私は小学校のころから、詩、好きで、石川啄木詩集などは持っていた。だから、習った詩のなかに知ってるものが多かった。それに先生の授業は楽しいので、時間のたつのが早く感じられるのですね。先生を好きになったのは、それもあるけど、他の先生と違って生徒を最後まで信じてくれてるからです。疑わないところ。先生と生徒のあいだに信頼感がなければ、授業だってちっとも、楽しくないし、アホらしくなってきます。さぼったりしたくなります。無着先生は、私たちのこと一人一人をよく知ってますね。私たちが気づいていないだけで、ずいぶん、個人個人のことを理解してるんじゃないのかな。

たまに、やらしいことなど平気でいうけど、無着先生なら許してあげる。ほかの先生みたいむっつりスケベより、先生のようなハッキリスケベのほうがいいね。先生みたいに、パッと、あっけらかんとした先生のほうが、生徒の非行はおきないんじゃない？　今度、区立の中学校へいって、先生たちを少し教育してきてください。

明星も、無着先生のような先生ばかりいたらって思う。そしたら、自然と、生徒が先生についていくようになるんじゃないのかな。生徒の立場になって考えてくれる先生って、この日本ではごくわずかだもんね。そういう先生に、勉強教えてもらったんだから、私はしあわせな子なんだな。

とにかく、三年間、おもしろかったです。どうも、ありがとうございました。

これからも、よろしく!!

●……飯田正美……九年

さよなら、なんていいません。だって、先生は生きているんだし、会えるから。私が先生のまえで二枚目の卒業証書をもらう日が近づいています。いいことばっかりじゃなかったけど、先生の授業の流れはすごく好きだった。どことなく他の先生とちがうやさしさとあったかみを感じられたからかな?

この学校に編入してくるまえ、先生もクラスの子も大嫌いだった。先生までいっしょになってあたしのことといじめてたみたいで、すごく学校がいやだった。でも、流されて仕方なく勉強しに通ってた。編入テスト受けて、〝合格〟って連絡あったとき、心のなかで〝しめた〟と思った。だれもあたしのことしらないから平気なんだ。でも、先生は信用しない、って決めた。だから、最初は校長先生も無着先生も信じてなかったし、きらいだった。でも、六年のとき、先生があたしの文章のこと〝まさみ、すごくいいよ〟と、ほめてくれたとき、すごくうれしくてたまらなかった。それから文章だけはちゃんと書こうと決めた。もしかしたら、あたしの心のなかしってておだてたのかもしれないね。でも、うれしかった。今日だって、〝煙草やめる〟とか〝俺は悪いことばかりしていた—〟なんていう文章読んだあと、

「先生はみんなを信じてる」

って幾度もいってくれたでしょ? 涙出てきちゃった。そんなこと先生っていう人間が言うなんて思ってもいなかったもの。それに、このまえ〝僕は君たち生徒を信じていない〟な

んて、ある先生に二回もくり返しいわれた。すごくショックで涙さえ声さえ出なかったあとだから、すごくうれしく感じたのかもしれない。
あたし、ずーっとまえ、煙草すってる人がうらやましかったり、授業さぼって友だちとケンカしたり、それに先生に一人ではむかったりしたこともあった。でも、先生の顔みると全部忘れられた。ほんとうだよ！　それだけあたしにとって無着先生の存在大きいんだ、って思う。公開研究会の夜、先生がいったことばと「峠」の詩、すごく心に残ると思います。ほんとうにありがとう。そして、たくさんの詩をたいせつに前進していきます。
P.S. 公開研究会の夜、先生のいったことば、覚えてますか？　あのとき、先生は、「好きと愛するというのはちがう。好き嫌いは感情のレベルで、愛するということは理想あるいは思想のレベルなんだ。好きな人しか愛せないのならば、教育者なんてなりたたない。生徒のなかには好きな生徒ばかりじゃない。嫌いな生徒だってたくさんいる。嫌いであればあるほど愛さなければならないのだ。愛情深い目で見守ってやらなければいけないのだ。嫌いな人でも愛することはできるのだという目で友人を見るように！」
といったのですよ。

無着先生、さようなら…………鈴木庸子……九年

私、無着先生とは、五年生のときからのつきあいだけど、でも、ほんとうのことというと、

五年生のときと、六年生のときって、全然、おぼえてないの。ごめんなさい。

でも、中学校になってからのことは、全部おぼえている。

先生は、授業でおしえた詩を、かならず一人ずつ暗誦させたでしょう。私ね、その暗誦するのがイヤで、おなかが痛くなったこともあるの……。

私がいちばん最初に暗誦したのは、たしか「ぼろぼろな駝鳥」だったと思うけど?! あのときも、大変だったナア〜ッ。足はふるえるし、声もふるえちゃって……。でもネ、私が暗誦しているときに、無着先生が、私のほうを見て、うなずきながら聞いていてくれるのを見て、だいぶ緊張がとれていったんだ。ありがとう。

エーットネッ、先生に教えてもらった詩のなかで、いちばん気にいったのは、やっぱり、「奈々子に」だなあー。無着先生=「奈々子に」って、思うの……。どうしてかなあーっ?!

私、あの詩でかいているように、《自分を愛する心》をもちたいと思う。そうだよね、先生?!

あのね、私、無着先生って、不思議な人だと、思うんだ。だってね、私たちよりずーっと年上なのに、なんかときどき、友だちみたいに思えるときがあるの。でも、あるときは、お父さんみたい。

私、無着先生の子どもになってみたいナーッて、おもったときもあるヨッ。

でも、先生、いやらしいから、やめたの。

やっぱり、無着先生は、私たちのこと、だれよりも(先生のなかではもちろん、親よりも)

知ってんじゃないかなあ。

なんか、もう卒業なんて、さびしい……。先生とわかれるのもつらい……。

だから、「詩華集」を、私の宝物にして、高校に行っても絶対なくさないよ。そして、がんばるよ。

だから、先生もがんばって、ずーっと、ずーっと、百歳までも二百歳までも長生きしてね。

それで、私の結婚式では、仲人は、絶対に、無着先生にたのみます。

大好きな、先生。

無着先生、See you again…………本郷治子……九年
三年間、どうもありがとうございました。私が三年まえに明星に入学して、いちばん最初の無着先生の授業は「春の歌」でしたね。明星にはいるまえから先生のコトは知っていて、「私、スゴイ人に習うんだなァ」
なんてでっかい期待をもって授業を受けたら、「春の歌」。なんかあのときはショックだった。その後も現国——っていうと、エー?! っていう感じだった。ただダラダラと過ごしてきたみたい……。でも、八年になってからの「ゆずり葉」の授業のときから、私にもわかってきた。ただわけのわかんないことを言ってる先生だったのが、なんだかわかんないけどやさしい先生になった。「ゆずり葉」をやったときはほんとうによかった。もう感激しちゃって、いちばんまえの席で一人で涙ボロボロこぼしちゃったっけ。あのとき、無着成恭

さんは先生であるまえに人間なんだナァ、私と同じ人間なんだナァって思った。

先生、私、教師になりたいんだ。いまは私には何もない。教える——なんてできない。でも、先生を見ていて私やっぱりやりたいの。私の生徒が私の授業をこんな気持ちで受けてくれたらって思うもん。もっと一生けんめい話を聞いておくんだったナァ、と思います。

私、無着先生の授業を受けられてほんとうによかった。まえよりもっと私のなかの〝イメージ〟がハッキリしてきたョ。先生ってさ、生徒になかなか信じてもらえないでしょ？他人だもんね。でも、私、無着先生のこと信じてる。すごく好きです。無着先生の言う「愛してる」かナ。もし、私が先生になれたら、私も生徒に「ゆずり葉」を教えてあげたい。ねエ、先生。このあいだの「不出来な絵」もうれしかった。先生がいなくなってから、私、また泣いちゃった。私の生活のなかで無着先生って空気みたいなものなの。（キザ?!）だから、ときどき息苦しくなったら、息をしにきて、いいですか？　ナーンテ×××。先生にだから言うけど、私、親よりも先生のほうが好きです。（注意！——このことは親にはナイショよ！）

三年間、どうもありがとうございました。

先生から教わった詩、大切にします。じゃあ、またネ。


無着先生、さようなら…………橋本想……九年

先生から教わった詩の中でいちばん好きな詩は、吉野弘の「奈々子に」です。

《ひとが
ほかからの期待に応えようとして
どんなに
自分を駄目にしてしまうか》
というところと、
《ひとが
ひとでなくなるのは
自分を愛することをやめるときだ。》
というところです。この詩は、絶対忘れません。どうも、ありがとうございます。
ところで、「無着先生とは、どんな先生だ?」と聞かれたら、ぼくなら「人一倍、自己アピールの強い先生」と、まず、答えます。この明星に入学して三年間、無着先生を見るたびそう思いました。
でも、それだけの先生ではないんです。この無着という先生は。
それだけだったら、ただの「どこにでもいるむじゃきな大人」なんですが、無着先生のはちがうんです。ぼくも、最初はそう思っていましたが、「奈々子に」を教わったとき、「ああ、そういうことなのか。この先生は、自分ってものをごまかさないで人のまえへだしているんだ。たとえ言いにくいことであったって、正しいと思ったことがあれば、そのままストレートにだしているんだ」「これは人間を信じているからできることなんだ」

とわかったのです。

《ひとが
ひとでなくなるのは
自分を愛することをやめるときだ。》

ということなんです。無着先生は、自分をものすごくたいせつにしてるんです。だから、自分という人間を、他人に写してみているのです。写る像は相手によってさまざまですが、その写り方を眺めながら、人間というものを学んでいるのです。そのために、もっとも素直な自分を外に出しているのです。だから、受け取る側が素直でなかったり、いじけていたりすると、無着先生は歪んで見えて、誤解されてしまうんです。けれども、無着先生は、それでも平気な人です。だから、ますます誤解されるんです。

《自分があるとき
他人があり
世界がある。》

ということなんです。

無着先生はいつも、「自分の考えはこうだ」「自分のやり方はこうだ」と真正面からぶっつけます。それを「自己アピール」ととらえてしまえばいやらしくなる。無着先生は声が大きいし、まるで自分の考えを押しつけてるように他人にはきこえます。それに、こちらが圧倒されてしまうと、「なんていやなやつなんだろう」という他人の世界ができあがるんです。

ほんとうは、こちらからも、無着先生の意見に真正面からぶっつかっていけば、こんなに正直な人はいないんだということがすぐわかるのに、いじけてしまうんです。そうすると、無着先生ほどいやらしい人はいないように見えてくるんです。
たしかに無着先生はいやらしいです。けれども、そういう意味ではいやらしくない人間なんていないのだと思います。だから、「無着先生はいやらしい」と思った人は、そう思ったとき、たぶんにいやらしい心がはたらいているのだと思います。「無着先生はいやらしい」などといってるひまに、自分の生き方ややり方を主張するほうが正しいのだと思います。
《この絵を貴方にさしあげます
下手ですが精一ぱい
心をこめて描きました。》
こんなふうに。これは、石垣りんの「不出来な絵」の一節ですけど、
《下手ですが精一ぱい
心をこめて描きました。》
というほうが正しいのだと思います。
人間はみんないやらしい。けれども、他人のいやらしさになんかかまっているひまは、おれにはないんだよ、というほうが正しいのだと思います。
無着先生は人一倍自己アピールの強い人だ、いやらしい人だと最初にいいました。けれども問題は、無着先生がなぜ「自己」というものを前面に強烈にだしてくるかということです。

もし、それをいやらしいというのなら、そのいやらしさをどんどんだしてください。先生からそのいやらしさをとってしまったら、無着先生は何の値打ちもなくなってしまいますから。

だから、これからも入学式のとき、卒業式のとき、合唱祭、公開研究会、そして、ふだんの授業のとき、どんどん「自己アピール」にはげんでください。お願いします。さようなら。

P.S. 無着先生! この文章、なおしてもらって、書きなおしてよかったです。まとめていくうちに、もっともっと、いろいろなことに気がつきました。ありがとうございました。

わたしの愛唱詩抄――この六年間に授業で扱った詩・作品

●――本文で扱った作品のほかに、この六年間、子どもたちに紹介した詩を、ここに四十二編掲げました。

かつて、わたしは毎朝、子どもたちが登校するまえに、教室の黒板に詩を書いておきました。その詩を、子どもたちはせっせと写し、「詩華集」をつくりました。いまは、週に一時間という〝短編読み切り〟的な詩の授業のなかで、子どもたちが詩と出会う機会をできるだけつくりたいとねがっています。どのようなやり方でもいいから、子どもたちに詩を紹介したいというのが、わたしの昔からの願いです。

●――【注】旧かな遣いを新かな遣いに改めた作品には＊印をつけ、詩文の一行が二行めにわたったときには、一行めの文末に⌐印をつけました。なお、旧漢字は新漢字に改めました。

1年

①――山のあなた＊

カール・ブッセ（上田敏訳）

山のあなたの空遠く
「幸《さいわい》」住むと人のいう。
ああ、われひとと尋《と》めゆきて、
涙さしぐみ、かえりきぬ。
山のあなたになお遠く
「幸《さいわい》」住むと人のいう。

②――水と風

江間章子

わたしが好きな水のにおい
ふるさとの村を
たてとよこにながれている
小さな川の水のにおい

それにもまして
わたしが好きな風のにおい

風よ
わたしはあなたが好きだ
松林をくぐりぬけて
あなたがくるとき
空を見あげて
わたしは白くなる

③――春の河＊

山村暮鳥

たっぷりと
春の河は
ながれているのか

いないのか
ういている
藁《わら》くずのうごくので
それとしられる

はしりつづける

やがて
その若い光の一列が
みさきのほうへ曲がってゆく

●―雲*

山村暮鳥

おうい雲よ
ゆうゆうと
馬鹿にのんきそうじゃないか
どこまでゆくんだ
ずっと磐城平《いわきだいら》の方までゆくんか

●―白い馬

髙田敏子

波のうしろをはしる波……
波のまえをはしる波……
海には　白い馬が群れている

春の朝
白い馬は　陸に駆けあがり
少年たちの姿になって↵

●―海

黒田三郎

駆け出し
叫び
笑い
手をふりまわし
砂をけり

飼いならされた
小さな心を
海は
荒々しい自然へ
かえしてくれる

●―月夜の浜辺*

中原中也

月夜の晩に、ボタンが一つ
波打際《ぎわ》に、落ちていた。

それを拾って、役立てようと
僕は思ったわけでもないが
なぜだかそれを捨てるに忍びず
僕はそれを、袂《たもと》に入れた。

月夜の晩に、ボタンが一つ
波打際に、落ちていた。

それを拾って、役立てようと
僕は思ったわけでもないが
　月に向ってそれは抛《ほう》れず
　浪《なみ》に向ってそれは抛れず
僕はそれを、袂に入れた。

月夜の晩に、拾ったボタンは
指先に沁《し》み、心に沁みた。

月夜の晩に、拾ったボタンは
どうしてそれが、捨てられようか?

●—美《うつくし》ヶ原熔岩《はらようがん》台地

尾崎喜八

登りついて不意にひらけた
眼前の風景に
しばらくは世界の天井が
抜けたかと思う。
やがて一歩を踏みこんで
岩にまたがりながら、
この高さにおけるこの広がりの
把握《はあく》になおもくるしむ。
無制限な、おおどかな、
荒っぽくて、新鮮な、
この風景の情緒は
ただ身にしみるように本原《ほんげん》的で、
尋常の尺度にはまるで
桁《けた》が外《はず》れている。

秋が雲の砲煙をどんどん上げて、
空は青と白との眼もさめるだんだら。
物見石の準平原から和田峠のほうへ
一羽の鷲《わし》が流れ矢のように
落ちて行った。

●—山のうた*

こばやし・つねお

おれは山がすきだ
山のあのしずかさは
あぐらをかいてかんがえている
たのもしい友だちだ
がんじょうなヒザがしらにたって
うたえば
たかく大きくこたえてくる
その声は山山にこだましてひびき
よごれた作業服のおれを
気もちよくする
一そう声をはりあげてうたえば
あたらしい力がわきでてくるのだ
おい　山へゆこう!
ふるいたつ勇気が
わきあがってくるのだ
おれは山がすきだ

●—ナタ*

こばやし・つねお

ナタをおもう
ぶあつで
どっしりと重みのあるナタをおもう
さびがあってもいい
ちょっとぐらいは
刃がつぶれていてもいい
にぶい刃物のようにみえていても
一たびナタがふりあげられたとき
じゃまな日かげをつくっている
ふるい大木の根もとへでも
ざくり　とはげしくきりこんでいく
木くずをとばしてきりこんでいく
その力づよさ
おれはナタをおもう
そのたのもしさ

●—冬が来た*

高村光太郎

きっぱりと冬が来た
八つ手の白い花も消え

公孫樹《いちょう》の木も箒になった
きりきりともみ込むような冬が来た
人にいやがられる冬
草木に背《そむ》かれ、虫類に逃げられる
冬が来た

冬よ
僕に来い、僕に来い
僕は冬の力、冬は僕の餌食だ

しみ透れ、つきぬけ
火事を出せ、雪で埋めろ
刃物のような冬が来た

八年

●―挨拶

壺井繁治

手は大きく
節くれだっているほどよい
そんな手と握手するとき
嘘はいえない
それはまっ正直に働いてきた者の
まっ正直な挨拶だからだ
しっかりやろうぜ、今年も！
僕の手と君の手とは
互に固く握りしめながら
この言葉をかわす
それはありきたりの
言葉かも知れぬが
嘘いつわりのないこころからの
挨拶だ

●―ウソ

川崎洋

ウソという鳥がいます
ウソではありません
ホントです
ホントという鳥はいませんが

ウソをつくと
エンマサマに舌を抜かれる
なんてウソ
まっかなウソ

ウソをつかない人はいない
というのはホントであり
ホントだ
というのはえてしてウソであり

冗談のようなホントがあり
涙ながらのウソがあって
なにがホントで
どれがウソやら

そこで私はいつも
水をすくう形に両手のひらを重ね
そっと息を吹きかけるのです
このあたたかさだけは
ウソではない　と
自分でうなずくために

●―道程

高村光太郎

僕の前に道はない

僕の後ろに道は出来る
ああ、自然よ
父よ
僕を一人立ちにさせた広大な父よ
僕から目を離さないで守る事をせよ
常に父の気魄を僕に充たせよ
この遠い道程のため
この遠い道程のため

●―道

黒田三郎

道はどこへでも通じている　美しい
伯母様の家へゆく道　海へゆく道
刑務所へゆく道　どこへも通じてい
ない道なんてあるだろうか
それなのに　いつも道は僕の部屋か
ら僕の部屋に通じているだけなので
ある　群衆の中を歩きつかれて　少
年は帰ってくる

●―水

壺井繁治

どんな器の中にでもおさまって
音さえ立てぬやつ。
溜桶や、下水の中で、
ボーフラを育てるやつ。
流れをとめれば腐り、
腐ることで黴菌を育てるやつ。
コップ一杯ほどの
溜り水を眺めて、
平穏無事だと考えるやつに、
水よ、
洪水の日のあることを知らせてやれ。

●―浪

中野重治

人も犬もいなくて浪だけがある
浪は白浪でたえまなく崩れている
浪は走ってきてだまって崩れている
浪は再び走ってきて⤶
だまって崩れている
人も犬もいない
浪の崩れるところには⤶
不断に風がおこる
風は磯《いそ》の香《か》をふくんで⤶
しぶきに濡れている
浪は朝からくずれている
夕がたになってもまだ崩れている
浪はこの磯にくずれている
この磯は向うの磯につづいている
それからずっと北の方に⤶
つづいている
ずっと南の方にもつづいている
北の方にも国がある
南の方にも国がある
そして海岸がある
浪はそこでもくずれている
ここからつづいていて崩れている
そこでも浪は走って来て⤶
だまって崩れている
浪は朝からくずれている
浪は頭の方からくずれている
夕がたになってもまだ崩れている
風が吹いている

人も犬もいない

●―茶の花*

室生犀星

わたしは茶の花が好きです。

あの花びらがひえびえと↰
咲いているのを見ると
わたしの心は薄荷を舐めたように
すずしく静かになるのです。
古い染付物の壺などの
手ざわりをこころみている↰
一瞬のように――

茶の花の芯を指さきで揉むと
何という滑っこい感じが↰
することでしょう。
その黄ろさは濃く温かい。
そして何というあっさりした芯で
脆いほろほろした悲しげな↰
けはいを有ってることでしょう
みんな俯向きがちで
空のいろも映さずにいる花です。
幹も葉も古い鉄のように↰
健康であるのに
この花ばかりは沈みがちに↰
やっと樹にもたれているようだ
思いなやんでいるようだ。
清らしげに――。

●―雪

三好達治

太郎を眠らせ、太郎の屋根に↰
雪ふりつむ。
次郎を眠らせ、次郎の屋根に↰
雪ふりつむ。

●―雪

石井敏雄

雪がコンコン降る。
人間は
その下で暮しているのです。

●―夜

横戸チイ子

父と
兄が
山からかえってきて
どしっと
いろりにふごんで(ふみこんで)
わらじをときはじめると
夜です

●―山への思慕*

田中冬二

しずかな冬の日
私はひとり日向の縁側で
遠い山に向っている
山は父のようにきびしく正しく
また母のようにやさしい
山をじっと見つめていると
何か泪ぐましいものが湧いて来る
そして心はなごみ澄んで来る

しずかな冬の日
私ひとり縁側で暖い日を浴びて
遠い山に向っている

九年

●—初恋*
島崎藤村

まだあげ初《そ》めし前髪《まえがみ》の
林檎《りんご》のもとに見えしとき
前にさしたる花櫛《はなぐし》の
花ある君と思いけり

やさしく白き手をのべて
林檎をわれにあたえしは
薄紅《うすくれない》の秋の実《み》に
人こい初《そ》めしはじめなり

わがこゝろなきためいきの
その髪の毛にかゝるとき
たのしき恋の盃《さかずき》を
君が情《なさけ》に酌《く》みしかな

林檎畑の樹《こ》の下《した》に
おのずからなる細道《ほそみち》は
誰《た》が踏みそめしかたみぞと
問いたもうこそこいしけれ

●—椰子の実*
島崎藤村

名も知らぬ遠き島より
流れ寄る椰子の実一つ

故郷《ふるさと》の岸を離れて
汝《なれ》はそも波に幾月

旧《もと》の樹《き》は生《お》いや茂れる
枝はなお影をやなせる

われもまた渚《なぎさ》を枕《まくら》
孤身《ひとりみ》の浮寝《うきね》の旅ぞ

実をとりて胸にあつれば
新《あらた》なり流離《りゅうり》の憂《うれい》

海の日の沈むを見れば
激《たぎ》り落つ異郷の涙

思ひやる八重《やえ》の潮々《しお〴〵》
いずれの日にか国に帰らん

●—小景異情……その二*
室生犀星

ふるさとは遠きにありて思うもの
そして悲しくうたうもの
よしや
うらぶれて異土の乞食《かたい》となるとても
帰るところにあるまじや
ひとり都のゆうぐれに
ふるさとおもい涙ぐむ
そのこころもて
遠きみやこにかえらばや
遠きみやこにかえらばや

●―ゆずり葉*
河井酔茗

子供たちよ。
これは譲《ゆず》り葉《は》の木です。
この譲り葉は
新しい葉が出来ると
入り代ってふるい葉が落ちてしまうのです。

こんなに厚い葉
こんなに大きい葉でも
新しい葉が出来ると無造作に落ちる
新しい葉にいのちを譲って——。

子供たちよ
お前たちは何を欲しがらないでも
凡《すべ》てのものがお前たちに譲られるのです。
太陽の廻るかぎり
譲られるものは絶えません。

輝ける大都会も
そっくりお前たちが譲り受けるのです。
読みきれないほどの書物も
みんなお前たちの手に受取るのです。
幸福なる子供たちよ
お前たちの手はまだ小さいけれど——。

世のお父さん、お母さんたちは
何一つ持ってゆかない。
みんなお前たちに譲ってゆくために
いのちあるもの、よいもの、美しいものを、
一生懸命に造っています。

今、お前たちは気が付かないけれど
ひとりでにいのちは延びる。
鳥のようにうたい、花のように笑っている間に
気が付いてきます。

そしたら子供たちよ。
もう一度譲り葉の木の下に立って
譲り葉を見る時が来るでしょう。

●―『原爆詩集』の序
峠三吉

ちちをかえせ　ははをかえせ
としよりをかえせ
こどもをかえせ

わたしをかえせ　わたしにつながる
にんげんをかえせ

にんげんの　にんげんのよのあるかぎり
くずれぬへいわを
へいわをかえせ

●―ヒロシマ神話*
嵯峨信之

失われた時の頂きにかけのぼって
何を見ようというのか
一瞬に透明な気体になって消えた

数百人の人間が空中を歩いている

(死はぼくたちに来なかった)
(一気に死を飛び越えて魂になった)
(われわれにもういちど人間のほんとうの死を与えよ)

そのなかのひとりの影が石段に焼きつけられている

(わたしは何のために石に縛られているのか)
(影をひき放されたわたしの肉体はどこへ消えたのか)
(わたしは何を待たねばならぬのか)

それは火で刻印された二十世紀の神話だ
いつになったら誰が来てその影を石から解き放つのだ

●—石ころ

岡本潤

石ころどもが
ごろごろしている。
こいつらは、いつの昔から
こんなにごろごろしているのだろう。
どいつも、こいつも、
そのままで自足した面《つら》つきだ。
蹴とばせばころがり、
つかんで投げれば飛んでゆくが、
落ちたさきで落ちつき、
けろりと安住していやがる。
子供の喧嘩道具に使われたり、
通行人の下駄の歯に食いこんだり、
まるで無意志で、無表情な奴らだ。
お天気しだいで
光を反射し、
雨に濡れ、乾き、
凡俗ともつかず、
超人ともつかぬ。
こんな血のけのないニヒリストどもには
おれは歯がたたぬ。
石ころの真似はできぬ。
それでいて
なんと石ころの多い世の中だろう。
いやはや、
何処も彼処もごろごろの石ころだらけだ。

●—石

壺井繁治

石は
億万年を
黙って
暮らしつづけた
その間に
空は
晴れたり
曇ったりした

●—天皇、香《か》具《ぐ》山《やま》に登りて望国《くにみ》したまふ時の御製歌

舒明天皇

大和《やまと》には　群山《むらやま》あれど　とりよろふ　天《あま》の香具山　登り立ち　国見をすれば　国原《くにはら》は　煙《けぶり》立ち立つ　海原《うなはら》は　鷗《かまめ》立ち立つ　うまし国そ　蜻蛉《あきづ》島《しま》　大和の国は

●—貧窮問答の歌一首

短歌を併せたり——山上憶良

風雑《まじ》へ　雨降る夜《よ》の　雨雑《まじ》へ　雪降る夜《よ》は　術《すべ》もなく　寒くしあれば　堅塩《かたしほ》を　取《と》りつづしろひ　糟湯酒《かすゆざけ》　うち啜《すす》ろひて　咳《しはぶ》かひ　鼻びしびしに　しかとあらぬ　鬚《ひげ》かき撫でて　我《あれ》を除《お》きて　人は在らじと　誇ろへど　寒くしあれば　麻衾《あさぶすま》　引き被《かがふ》り　布肩衣《ぬのかたぎぬ》　有りのことごと　服襲《きそ》へども　寒き夜すらを　我《われ》よりも　貧しき人の　父母は　飢《う》ゑ寒《ここ》ゆらむ　妻子《めこ》どもは　吟《によ》び泣くらむ　此の時は　如何《いか》にしつつか　汝《な》が世は渡る

天地は　広しといへど　吾《あ》が為《ため》は　狭《さ》くやなりぬる　日月《ひつき》は　明《あか》しといへど　吾《あ》が為は　照りや給はぬ　人皆か　吾《あれ》のみや然る　わくらばに　人とはあるを　人並《ひとなみ》に　吾《あれ》も作《つく》るを　綿も無き　布肩衣《ぬのかたぎぬ》の　海松《みる》の如《ごと》　わわけさがれる　襤褸《かかふ》のみ　肩にうち懸け　伏廬《ふせいほ》の　曲廬《まげいほ》の内に　直土《ひたつち》に　藁《わら》解き敷きて　父母は　枕《まくら》の方《かた》に　妻子《めこ》どもは　足《あと》の方《かた》に　囲《かく》み居《ゐ》て　憂へ吟《さまよ》ひ　竈《かまど》には　火気《ほけ》ふき立てず　甑《こしき》には　蜘蛛《くも》の巣懸《か》きて　飯炊《いひかし》く　事も忘れて　鵺鳥《ぬえどり》の　呻吟《のどよ》ひ居《を》るに　いとのきて　短き物を　端《はし》截《き》ると　云へるが如く　楚取《しもとと》る　里長《さとをさ》が声は　寝屋戸《ねやど》まで　来《き》立ち呼《よ》ばひぬ　斯くばかり　術《すべ》無きものか　世間《よのなか》の道

世間《よのなか》を憂《う》しとやさしと思へども
飛び立ちかねつ鳥にしあらねば

——山上憶良頓首謹みて上る

●—生きる

谷川俊太郎

生きているということ
いま生きているということ
それはのどがかわくということ
木もれ陽がまぶしいということ
ふっと或るメロディを思い出すということ
くしゃみすること
あなたと手をつなぐこと

生きているということ
いま生きているということ
それはミニスカート
それはプラネタリウム
それはヨハン・シュトラウス
それはピカソ
それはアルプス
すべての美しいものに出会うということ

そして
かくされた悪を注意深くこばむこと

生きているということ
いま生きているということ
泣けるということ
笑えるということ
怒れるということ
自由ということ

生きているということ
いま生きているということ
いま遠くで犬が吠えるということ
いま地球が廻っているということ
いまどこかで⤴
産声があがるということ
いまどこかで⤴
兵士が傷つくということ
いまぶらんこが⤴
ゆれているということ
いまいまが過ぎてゆくこと

生きているということ
いま生きているということ
鳥ははばたくということ
海はとどろくということ
かたつむりははうということ
人は愛するということ
あなたの手のぬくみ
いのちということ

●—号外*

草野心平

界隈でいちばん獰猛な縞蛇が⤴
殺された
田から田へ号外がつたわって
みんなの背中は⤴
よろこびに盛り上った

ぎゃわろッ　ぎゃわろッ⤴
ぎゃわろろろろりッ
ぎゃわろッ　ぎゃわろッ⤴
ぎゃわろろろろりッ
ぎゃわろッ　ぎゃわろッ⤴
ぎゃわろろろろりッ

ぬか雨の苗代に
蛾がふるえている

ぎゃわろッ　ぎゃわろッ⤴
ぎゃわろろろろりッ
ぎゃわろッ　ぎゃわろッ⤴
ぎゃわろろろろりッ
ぎゃわろッ　ぎゃわろッ⤴
ぎゃわろろろろりッ

●—秋の空

八木重吉

秋が呼ぶようなきがする
そのはげしさに耐《た》えがたい日もある

空よ
そこのとこへ⤴
心をあずかってくれないか
しばらくそのみどりのなかへ⤴
やすませてくれないか

●—木

八木重吉

はっきりと
もう秋だなとおもうころは
色色《いろいろ》なものが好きになってくる
あかるい日なぞ
大きな木のそばへ↰
行っていたいきがする

●—心よ

八木重吉

こころよ
では　いっておいで

しかし
また　もどっておいでね

やっぱり
ここが　いいのだに

こころよ
では　行っておいで

●—虫

八木重吉

虫が鳴いてる
いま　ないておかなければ
もう駄目《だめ》だというふうに鳴《な》いてる
しぜんと
涙をさそわれる

●—しぐれに寄する抒情*

佐藤春夫

しぐれ
しぐれ
もし
あの里を
とおるなら
つげておくれ
あのひとに
わたしは
今夜もねむらないでいた——
と
あのひとに
つげておくれ
しぐれ

●—かたつむり

吉野弘

自分の中に
じっと　とどまっていることが
なぜ　こんなに耐えがたいのか。

どのみち　ひとは
自分を抜け出なくてはならぬ。

自分を置き去りにするにしろ
自分を引き寄せるにしろ　だ。

つまり　自分を自分の外へ↰
連れ出して
未知の可能性を試みなくてはならぬ。

登山者が　山裾から頂上に近く
徐々にベースキャンプを↰
引き上げるのと
同じだ。

つまり　かたつむりと同じだ。
偵察のために
キャンプを出てゆく者は
キャンプと同体だ。

二つは　単に離れたのではなく
不即不離だ。

ところで
空屋《あきや》にして　つまり
殻を置き去りにして
かたつむりが出歩くことがあって
（私は見たことがある。　という
よりはむしろ経験した覚えがあ
る。そのとき　それを　かたつ
むり　と呼んでいいのかどうか
わからないのだけれど）
ゆっくり殻を引きずっている
もうひとつの
かたつむりが心配そうな顔をすると
彼は　負け惜しみが強く
――あれは重くて
などといい乍ら
身軽になって
死んでしまうのであった。

●―古い機織部屋《はたおりべや》

大江満雄

ふりむくとき
古い機織部屋が見える。
（あれは　おかあさんの
機織部屋。）
ふりむくとき
機織る音がきこえる。
（あの部屋で　おかあさんが
機織っていた。）
ふりむくとき
古い大きな屋敷が見える。
畑が見える。山が見える。
（あれは　おかあさんの
生れた家　生れた村。）
ふりむくとき
鐘の音がきこえる。
（あれは　三十年まえの
夕ぐれ　時は連続し　この
ように不連続。）
ふりむくとき
海辺の山が見える。
（あそこには　おかあさんの
墓がある。）
ふりむくとき
波の音がきこえる。
（あそこで　おかあさんと
貝がらをひろった。）
ふりむくな　ふりむくな
無量の愛をうちにした
ときに　別れを告げよう。
（わたしたちは前へ　すすま
なければならないから。）

●—預言者

カリール・ジブラン

赤ん坊を抱いたひとりの女が言った
どうぞ子どもたちの話をして下さい
(それで預言者は言った)
あなたがたの子どもたちは
あなたがたのものではない
彼らは生命そのものの
あこがれの息子や娘である
彼らはあなたがたを通して↩
生まれてくるけれども
あなたがたから↩
生じたものではない……
あなたがたは彼らに↩
愛情を与えうるが
あなたがたの考えを↩
与えることはできない
なぜなら彼らは自分自身の考えを↩
持っているから。
あなたがたは彼らのからだを↩
宿すことはできるが
彼らの魂《たましい》を宿すことはできない
なぜなら彼らの魂は　明日の家に↩
住んでいるから。
あなたがたは↩
彼らのようになろうと努めうるが
彼らに自分のようにならせようと↩
してはならない
なぜなら生命《いのち》は↩
うしろへ退くことはなく
いつまでも昨日のところに
うろうろ　ぐずぐず　しては↩
いないのだ
あなたがたは弓のようなもの
その弓から↩
あなたがたの子どもたちは
生きた矢のように射られて　前へ↩
放たれる
射る者は永遠の道の上に↩
的《まと》をみさだめて
力いっぱいあなたがたの身を↩
しなわせ
その矢が速く遠くとび行くように↩
力をつくす
射る者の手によって
身をしなわせられることを↩
よろこびなさい
射る者はとび行く矢を↩
愛するのと同じように
じっとしている弓をも↩
愛しているのだから

——神谷美恵子『こころの旅』から

あとがき

この本は、わたしにとって『山びこ学校』(一九五一年刊・百合出版、角川文庫)、『続・山びこ学校』(一九七〇年刊・むぎ書房)につづく、いわば第三の実践記録です。

『山びこ学校』は、昭和二十年代、あの敗戦直後の日本という大状況のなかで、佐藤藤三郎君、川合義憲君、川合貞義君、上野キクエさんなどによって代表される四十三人の子どもたちと出会ってうまれたものです。もちろん、助言者・指導者としての須藤克三先生、国分一太郎先生、そして、青銅社の佐和慶太郎さんがいなければできませんでした。『山びこ学校』は、国家の側からの教育が全面的に否定され、人間の論理に支えられた子どもの立場に立つ教育というものが模索されている時期を背景にして生まれたわたしの実践です。それに対して、『続・山びこ学校』は昭和三十六年から始まった、あの高度経済成長政策が全面的に展開されているとき、須田一郎君、綿貫秀一君、鈴木仁君、小島康克君などによって代表される子どもたちとの出会いからうまれたものです。この時期は、戦後の教育方法が生活単元学習に傾いたのではないかという反省から、教科の内容を科学的な体系のなかでとらえなおそうとする運動がおきていました。遠山啓先生の「水道方式」ということばがでてきたのもこのころです。わたしは、明星学園に奥田靖雄先生を招き、日本語を科学的にとらえなおし、教材化する運動を展開していました。そのなかから『にっぽんご』という教科書がでてきたのですが、並行して実践したものの記録が『続・山びこ学校』なのです。『続・山びこ学校』は、高度経済成長政策の矛盾が東大闘争・日大闘争というかたちで吹きだしている、そのまっさい中にまとめられたものです。

さて、この本、『詩の授業』の実践は、わたしが学級担任からはずれてしまって、「教頭」という職務についてからのものです。自分のクラスというものを持てないわたしはさびしくてなりません。それで、担任にお願いして、週に一時間だけ「詩の授業」をさせてもらいました。いわば「短編読み切り」みたいな授業です。昭和五十三年度の卒業生の場合は、山本学級の副担任をさせてもらいました。山本学級の実践を中心に記録したのが「ランプのように」と「峠」の授業です。あとは、昭和五十六年度卒業生の記録です。最後にのせた橋本想君の感想文は、卒業式の朝、「先生、ありがとうございました」、そういってもってきてくれたものです。この学年は岡本さんにお願いして副担任をさせてもらいました。ここで、山本豊さん、岡本博行さんにお礼を申しあげておきます。

わたしが「詩の授業」を実践した時期は、一九七〇年代です。東大闘争・日大闘争が終わったあと、気がついてみたら民間教育運動は、共通の敵を見失い、受験体制のもとでの序列主義教育のなかに組みこまれ、低迷をつづけていました。

この現象は、技術革新をテコにして、高度に発達した産業社会がもたらしたものです。それは夫婦のあいだにクサビを打ちこみ、親子のあいだにクサビを打ちこみ、家庭というものを崩壊させました。学校でも、教師は教える人、子どもは習う人というふうな構図のなかで、分裂させられ、信頼感が崩壊させられました。また、子どもたちも、自然や社会に直接はたらきかけて、そこから学ぶということが拒否され、黙って座り、じっと聞き、知識を既成のものとして頭のなかにつめこむことが要求されました。頭のはたらきと手足のはたらきを分裂させられた子どもたちの神経は分裂せざるをえません。

高度に発達した産業社会における教育は、「ゼニのとれる人間」「性能のよい人間」の育成を目標とする能力主義(競争原理による序列主義)に支配されてしまいました。その結果、授業のなかで教師が子どもの内面に深くはいりこみ、子どもの内なるものをひきだしたり、内的なリアリティーを確立させたりすることがほとんどなくなりました。

そのような状況のなかで、わたしは一人の教育者として、どのような授業をなすべきか——悩みになやんでの実践の結果が、この本です。

『山びこ学校』『続・山びこ学校』そして、この『詩の授業』と並べて考えたとき、わたしは、まず、時代とのめぐりあわせ、人との出会い、そして、何よりも子どもとの出会いを思わないわけにはいきませんでした。運がいいとか悪いとか、よくいいますが、結局は、人や時代との出会いを生かしたかどうかなのだろうという思いがします。とくに、教育者は、出会った子どもとの関係を生かしたかどうかだと思います。

子どもの側からいえば、明星学園に入学して、無着成恭の授業を受けるということが、まず、物理的な出会いです。その授業を受けながら、いつ、精神的な出会いを果たすか——。最後の、「無着先生、さようなら」という感想文を読みながら、それぞれの子どもが、どこでどのように無着成恭と出会ったか、みんなちがうので、ひじょうにびっくりしました。同時に、教育の荒廃が叫ばれている状況のなかで、わたしに、心をひらいて見せてくれた子どもがたくさんいたということのありがたさにわたしは感動しました。
私のこのような実践をずっと見守っていてくれた太郎次郎社の浅川満さんから、「無着さんの『山びこ学校』『続・山びこ学校』、そして、いまやっている『詩の授業』。こう並べてみると、戦後の教育運動のなかで生きてきた日本の教師の軌跡が正・反・合という姿で見事に浮かびあがってくる。無着成恭の実践を代表する三部作だ」なんて、おだてられたのか、はげまされたのか、——尻をたたかれながら、ようやくまとめることができました。まとめるにあたって、こまごましい仕事をすべて引き受けてくれたのは斎藤文枝さんです。造本してくださったのは、曼陀羅の世界に造詣の深い杉浦康平さん、鈴木一誌さんです。心からお礼申しあげます。ありがとうございました。

一九八二年三月二十一日　卒業式の夜、万感をこめてしるす。　　無着成恭

追記——杉浦康平さんご夫妻は、曼陀羅の国賓としてブータンへ出かけた。そこで、突然、奥さんが亡くなった。それをはさんでの造本だった。この本を、「教育曼陀羅」といってくれた杉浦さんの奥さんに捧げたい。

初出一覧　授業記録と掲載誌

▼**プロローグ・自分の名前**……『明星の教育』第四号に掲載　▼**生命のよろこび［春の歌…草野心平］**……一九七九年四月に授業……『明星の教育』第二号に掲載　▼**奪われた自由［ぼろぼろな駝鳥…高村光太郎］**……一九七九年六月に授業……『ひと』（太郎次郎社）第一一三号に掲載　▼**自分自身を生きる［表札…石垣りん］**……一九八〇年十一月に授業……『ひと』第一〇五号に掲載　▼**挑みへの出立［峠…真壁仁］**……一九七八年十一月に授業……『学校が生きかえるとき』上巻・点数のない教育（太郎次郎社）に掲載　▼**自分を愛する心［奈々子に…吉野弘］**……一九八〇年四月に授業……『明星の教育』第三号に掲載　▼**愛は照らしつづける［ランプのように…丸山薫］**……一九七七年十一月に授業……『明星の教育』創刊号に掲載　▼**自然が絶滅する［葦の地方…小野十三郎］**……一九八一年十月に授業……書きおろし　▼**楽しき玩具［俳句・短歌を教えてみて］**……一九七九年七月および一九八二年二月に授業……書きおろし

無着成恭の詩の授業

一九八二年六月十五日初版発行　一九九六年十一月一日二十二刷

▼著者……無着成恭　▼造本者……杉浦康平＋鈴木一誌　▼写真……川島浩　▼発行者……浅川満　▼発行所……
株式会社太郎次郎社　〒一一三東京都文京区本郷五-三二-七　電話〇三-三八一五-〇六〇五　▼印刷所……株式会社精興社
＋壮光舎印刷株式会社　▼写植……小野禎一　▼本文写真製版……東京ニュース　▼製本所……渡辺製本株式会社

定価＝カバーに表示してあります……ISBN4-8118-0700-6 C0036-©1982

無着成恭　むちゃくせいきょう

▼一九二七年、山形市・曹洞宗沢泉寺に生まれる。四八年、山形師範学校を卒業、山形県山元中学校に勤務する。▼八三年、明星学園小・中学校退職。六四年からTBSラジオ「全国こども電話相談室」の回答者もつとめている。▼著書――『山びこ学校』(角川文庫)、『続・山びこ学校』(むぎ書房)、『教育ノート』『第二教育ノート』(凡書房)、『教育をさがせ』(文化出版局)、『ヘソの詩』(毎日新聞社)など。

本書はプリント・オン・デマンド版です。
一部奥付に記載されている情報と異なる場合がございます。

連絡先：株式会社　三省堂書店　オンデマンド担当
メールアドレス：ssdondemand@mail.books-sanseido.co.jp

この作品は、ブックスオンデマンド方式で出版したものです。
造本には十分注意しておりますが、乱丁・落丁があった場合は、
上記メールアドレスもしくはご購入いただいた店舗にご連絡ください。